看見百分之一的希望

蔣雅淇 Vivian Chiang

推薦序

「勇敢」實現更多美好的安排

李開復

讀完雅淇的新書，我的內心非常觸動。過去幾年，我也經歷了罹患癌症、母親去世等多重人生道路上的重大考驗，完全能理解雅淇在半年內先後失去多位親人的震驚、絕望與悔恨。我非常佩服她在面臨人生最大悲劇後能夠堅強地走出來，哪怕在最彷徨的至暗時刻，在遺憾、壓力、悲慟如排山倒海般襲來時，她心中仍然懷抱百分之一的希望，並付諸百分之一百的努力。

我與雅淇相識多年，深知她性格中有過人的樂觀、勇敢和堅韌等特質。她身上從未表露自憐自艾、怨天尤人的負面情緒，總是勇往直前，關關難過關關過，無論是面對重大的人生苦難，還是怡然應對生活中隨處都在的煩惱瑣事。

家家有本難念的經，雅淇的三個小孩也在他們的成長歷程中不斷考驗媽媽。小兒子幼時淘氣、貪玩，不夠專注；女兒在青春期叛逆，一度導致母女關係緊繃；大兒子初入社會便要成立癌症基金會，滿腹理想看似不切實際。面對孩子成長過程中的種種難題，雅淇沒有像司令官似的頤指氣使，而是隨著孩子的成長，靈活調整自己的母親角色和家教方式，成為兒女的超級好友。雅淇身體力行做到了：用陪伴、相信來支持，用愛來包容、灌溉孩子的成長之路。

愛的存款只要時間足夠久，一定會產生意想不到的複利效果。小兒子因此變得認真專注，女兒變得樂於分享，大兒子更加積極承擔。我和雅淇的小女兒、兒子都有接觸，感覺兩個孩子的個性，就如書中所描述的點點滴滴。

雅淇有獨特的教育哲學，台灣父母對孩子的關愛往往特別細膩，生怕孩子受一點傷害。雅淇卻認為：挫折是祝福，是意志的鍛鍊，是生命最好的養分，真正的成長都是經歷無數次挫折後，才能長出最結實的果子。

雅淇的三個孩子興趣各有不同，大兒子喜歡生物科技，女兒熱衷音樂，小兒子則痴迷電腦程式，每一種她都不懂，但她都願意幫助他們找到心中的聲音，用適合每個孩子的方法，鼓勵孩子，培養他們做他們愛做和擅長的事情。在人工智慧時代來臨之際，我多次建議父母們多花時間聆聽孩子們心裡的聲音，多瞭解他們熱愛的事情，給予充分的支持，幫助孩子們培養電腦程式和機器沒法取代的新一代特質，雅淇在書中描述了絕佳的範例。

幾年過去，雖然經歷數次挫折失敗，但大兒子獲得二〇二〇美國版富比世雜誌30 Under 30的榮譽；女兒多次獲得音樂大賽冠軍，並以音樂做公益支持貧病兒童；小兒子拿下幾次全國武術大賽冠軍，還成了電腦程式小高手。那些曾經看起來難以逾越的難關，後來都幫助他們勇於實現更為美好的未來。對於年輕的子女來說，未來勢必還有更多的難關與挑戰，而這「勇敢」特質的養成，是父母能給予子女最好的禮物之一。

多年前我曾在「給中國父母的一封信」中講到，要學著做孩子的朋友，做一個好的聆聽者和陪伴者，而不是擺起架子，做高高在上的家長；要讓孩子在失敗中學習，不要懲罰失敗，也不要凡事包辦，要給孩子信任、自由和正面回饋，培養自信積極的孩子。雅淇的做法，和我信中的提議可說是不謀而合。

雅淇這本書帶給我很多親情和生命的感動。書中細節多著眼於日常生活，平凡的故事醞釀著真摯的情感。尤其讀到雅淇與三個孩子的互動溝通，經常讓我懷念起與女兒們小時候的相處時光。

這還是一本實用且真誠的家庭教育寶典，看到結尾處媽媽對女兒的影響時，我為雅淇感到十足的開心。她是個做什麼都投入百分之一百的人，我自己也感染了這種勇往直前的態度。相信這份勇敢的品質，將會永遠陪伴著雅淇和孩子們，助他們實現更多人生美好的安排。

本文作者爲創新工場董事長兼CEO

推薦序

只要信，不要怕

方念華

在很多節目中，十年的《看板人物》分享了許多充滿感染力的人生。而雅淇是其中唯一一位，我從節目裡報導的「餐桌」，到後來真正坐進了這位看板人物的：恩典餐桌！

這三年來，每星期五下班，排除萬難，先生和我一定會趕到這張圓桌邊，因為這張桌子圍坐著對於「生命裡的生活」，有沉潛反省力的好朋友。我們在基督信仰裡的說法就是：弟兄姊妹。

從基督教友的身分去試圖認識雅淇，可能會和刻板印象裡「聖」的圖像違和。雅淇這兩年重新回到社交圈，看到IG裡的她光鮮亮麗，從髮型到足履，絕絕對對時尚百分百。我想，時尚圈擁抱雅淇，是因為她有種特殊的活力，不只是身上穿的、手裡拎的，或是顏值，而是一種看得出來的力量。真正的力量，不用懾人。

我旁觀雅淇的力量，是一種「服務人」的內在決志。用英文定義比較精確：那是strength，不是power。

回到恩典餐桌。雅淇分享書裡的homemade菜單時，我第一個反應是：有沒有炸春捲！當然是炸春捲。接著還要問：有沒有黑糖手做饅頭？滷牛肉麵？咖哩牛肉？玉米排骨高湯……每星期五我們「豐盛小組」的圓桌，豐盛絕對不抽象。我們這一桌基督小羊，唯一會祭的廟，就是五臟廟。恩典餐桌裡所有的homemade食安，源自雅淇先夫溘然而逝，留下妻子的痛苦淬鍊。

雅淇在我眼裡是這樣的人：她不避諱回顧那曾經輾壓生命的重量。但她內在的意志，不容許那重量，隨時間粉碎成煙。

十字架對雅淇，不是仰望的象徵，而是她日常的座標。

不只是她和孩子，她和弟兄姊妹要吃得乾淨安心和健康，盡可能遠離癌病獵取。還包括，雅淇走過暴風雨，她非常確信：只要信，不要怕。

就憑存心中那百分之一的信，每一個人都可以得到撐起一把傘的力量！撐好。風雨不驚。

所以你翻開這本書，走進雅淇的人生——書裡不是反敗為勝的女版艾科卡。不是。

旁觀雅淇，出色的一雙兒女還在成長，一個人養育的所有挑戰，天天不簡單。人生道旅，她還是必須獨立的單身女。做事立竿見影的她，我深信她第一時間，日常之難自己先解決。更不用說，雅淇她個人參與、帶領、服事的基督信仰小組，繁不及備載……沒有行動的愛是死的。我請她為一位換腎朋友代禱，雅淇第一個LINE訊息是：要不要我陪妳去林口看她。

雅淇人生的風雨當然有，還有。但是，我們都可以從分享雅淇，拿出靈裡本有的屬天力量，然後，撐起自己的傘，在只有百分之一的希望裡。我們不必向雅淇借傘，因為你我白白都可以得到這份絕處逢生的力量。雅淇的分享，讓我們可以告訴更多朋友：這把傘，在哪裡，怎麼撐。

所以，買一本書自己享受。再不妨多買一本，送給你最好的朋友。

最後，我和先生、孩子作為雅淇、關愛和關義的好朋友（遺憾我從未認識關先生），雅淇身上，我們覺得最可愛的，是她骨碌碌的雙眼裡，始終透著天真的熱情。有天雅淇來我們家聚會，四對中年夫妻，因為她第一次參與，自然而然分享起人生起落。長長餐桌上，我完全不記得雅淇有長篇大論（她這麼機靈的，怎麼可能在第一眼見面的朋友群裡高談闊論），第二天醒來，其中的K簡訊我，轉述雅淇席間的三言兩語，說非常非常感動，也想瞭解那「信」的底蘊究竟是什麼。

看見百分之一的希望！

我很小就望彌撒。望彌撒有一種解釋，就是參與耶穌的晚餐。所以我們望彌撒前，是絕對空腹的。

歡迎到雅淇的恩典餐桌，希望你我都不抱著任何既定框架，空虛自己的心，享受——雅淇這真正不容易的，生命調味。God Bless You.

本文作者爲TVBS節目主持人

推薦序

她的故事、祂的故事

楊寧亞

我認識雅淇是在二〇一三年，那時我驚奇於她的生命故事：失去親人的巨慟沒有打倒她，她領受醫治、安慰，剛強起立。現在，她再一次令我驚嘆，不到十年，她已經往上躍了這麼大的一階。我在這本書中看到，她的生命持續不斷地更新。

在這本書中，雅淇首先和我們暢談她養育出優秀孩子的過程。是過程，有血有淚有溫度，一週七天、有早晨有晚上的過程，而不是根據理論提出的，冷冰冰的五個原則或七個方法。

好多人豈不是都在聽過了那麼多的原則和方法之後，卻依然感到挫折，卻依然在孩子的行為違背我們所求所想時，血壓飆高，或者跌坐在沙發上說不出一句話？生命，只能用生命來影響，雅淇懂，所以她沒有引用什麼高深的學派，她就像是個最普通的朋友，拿起一張張的照片，告訴我們那時候發生了什麼事，那時候她的心情如何、她腦子裡在想什麼，最後她口中說了什麼，然後，有時是幾分鐘之後，有時是幾年之後，孩子的表情就有了什麼變化。讀著讀著，我們的心就會自然而然地領悟到了一些東西，一些我們過去已經學習千百遍卻還沒有真正化為我們的一部分的——嗯，什麼呢？很難形容，我想那是愛。愛，是很難形容的。

雅淇是個基督徒，在分享和孩子的關係時，無法不提到基督信仰。因為，基督信仰並非與人間無關，而是深入人間；並不是聽起來很厲害、遇事卻使不上力，而是可以在最荒蕪的地方種出美麗的花朵。家庭，是人生中最艱難的課題，包括與父母的關係、與配偶的關係、與孩子的關係。雅淇與孩子之間，彼此信任、彼此鼓勵，這令人羨慕的關係，並不是出於好運氣，而是因為她得到宇宙間最大的奧援，愛。聖經說，上帝就是愛。當她要把愛分享給大家時，她必須提到那深入她的家、在她的家開出美麗花朵的基督信仰。

其實，我該說得更準確一點。她必須提到的是，上帝。雅淇在寫他們家的history，也在寫His story。我們每一人生命的history，其實全都是His story，無一例外，只看我們何時才願意讓主角站上舞台。大家若在讀了這本書之後，開始願意把主角的位子還給上帝，我想雅淇會非常高興。

大家快速翻看目錄就會知道，雅淇這次不只是和我們談養兒育女，她還想（同樣藉著她的真實經歷，她依然不走理論派）為我們每一人的人生注入盼望、喜悅和力量。每一個人：男的、女的；成家的、單身的；職場老鳥、社會新鮮人；目中無人的、虛懷若谷的；聽過很多人生大道理的，沒有學習榜樣的……。雅淇是何許人，她當然很會訂目標、寫計畫，但在她想幫助大家活得更精彩、更美好的時候，她沒有走那個路線。

她選擇和我們談「心」。心最重要。心對了，判斷就會對；心對了，就會遇到對的人；心對了，就會看到對的方向。這也是雅淇在基督信仰中取回的寶藏。「你要保守你心，勝過保守一切，因為一生的果效是由心發出。」這話出於聖經舊約箴言四章二十三節，簡單而智慧，這還只是聖經這巨大寶礦中的一顆寶石。

雅淇從聖經中帶回的另一顆寶石是，教會弟兄姊妹之間愛的關係。這種關係，我和大家保證，台灣百分之九十以上的人都不曾經歷過，甚至連聽都沒有聽過。一個人，再強，都有無能為力的時候，再陽光，都有絕望欲死的時候。在這樣的時候，我問你，此刻讀到這裡的你，你身邊有人嗎？不是只會叫你想開一點的人，而是可以真正幫助你的人。不是只會叫你要堅強的人，是懂得珍惜你的眼淚的人。不是只會教你走旁門左道的人，是會陪你一起為公平正義而活的人。從小到現在，你身邊有人嗎？如果有，我真心為你感到高興，真的，你一定要好好珍惜。如果沒有，請你仔細看看雅淇在書中寫到她與教會裡其他基督徒相處的那些部分，如果你也羨慕她有這樣的友誼，我告訴你，你可以擁有！同樣那句話，「你要保守你心，勝過保守一切，因為一生的果效是由心發出。」將你的心給上帝，一切美好的事情都會發生在你身上！

何等美好的一本書！我帶著無比的興奮，推薦給每一個人！

本文作者爲台灣信義會台北眞理堂主任牧師

作者序

在人是不能，在神凡事都能

回想一下，我自己都覺得怎麼可能？孩子的爸離開六年了，一位單親媽媽帶著三個孩子，這段期間，老大歷經了畢業出社會工作，女兒已經要進入申請美國大學的階段，小兒子也國小升國中了，每個人，包括我在內，都度過了人生中最徬徨，或許也是最多挫折的階段。但我們整個家是關關難過關關過。在這過程中，大兒子獲得國際級榮譽，女兒在學業等各方面也有好表現，還成立青少年志工隊，帶領團隊一年付出一千五百個小時以上的時間幫助身障弱勢與貧病。至於小兒子，也正經歷從小孩蛻變成青少年的階段，我每天為他禱告並充滿期待。

我想，能夠讓我們一家人不斷向前的關鍵，在於我總是想辦法「看見希望」。

我的床頭上擺了許多書，其中一本是朋友送給我的，作者是一個獲得全台灣程式設計冠軍的青少年。由於小兒子對於程式設計非常有興趣，可是我一無所知，所以就想看看書稍微瞭解一下，書擺在那裡快半年了我還是沒看懂，但我時不時翻著、看著……一年後，總算懂了。我並不是懂了如何寫程式，而是看出了書的精髓：這個孩子如何把五百天拆成五個一百天，朝著他的方向一步步努力達標。而我就是這樣堅持往目標前進的人。

我是一個在明明看不到希望的路上，也會想盡辦法要看到希望的人，會在別人眼中的「不可能」裡面，不斷努力、不斷思考、不斷去問人、不斷尋求解答，只為了找出那百分之一的可能。如果被我找到了，我就會一路踩油門，不管要多久，轉彎也好、暫停也罷，我會堅持到最後一秒。這也呼應我在《沒經驗，是你最大優勢》裡所寫的，「不要告訴我不可能，告訴我怎樣才行」。抱持著這樣的信念，我從來不會跟孩子們說「不可能」這三個字。每當他們有遠大的夢想，甚至看起來是不切實際的想法時，我會說：「哇！好特別。」或者是，「我們可以一起來想想看。」「不可能」這三個字絕對不會從我嘴巴裡說出來，因為我認為「就算我沒機會，也不代表我的孩子不可能」，更不代表別人不可能。看看現在的科技進展，一切的一切都是前人眼中所謂的不可能。我深信當你說不可能的時候，一切就到此為止；當你說不可能的時候，我敢打包票就絕對不會成功。

所以我總是在各種沒希望裡，尋找到那百分之一的希望，帶領孩子們度過一個又一個難關。我想起關先生剛過世的時候，我家老大曾跟我說：「媽咪，我想成立一個癌症基金會。」那個時候他大學才畢業，父親剛走沒多久，我心想癌症有多難治啊？成立基金會的錢要打哪兒來？但我怎麼想不重要，聽了他偉大的夢想，我只告訴他：「我覺得很棒耶！」然後他就這樣一步又一步往目標前進，最終獲得二〇二〇年美國版富比世雜誌Forbes 30 Under 30的獎項，而且得獎項目正是HealthCare：以免疫療法成功治療膀胱癌，幫助無數家庭與患者。事實上，這是他所做的案子裡困難最多、挫折最多的一項，但最終他達成了他的夢想。得獎後他告訴我，這印證了聖經裡說的，「在人是不能，在神凡事都能」。

因此，每當有人問我：為什麼你們遭遇苦難，但全家總是看來喜樂？我會回答他們：因為我們被神的愛充滿，所以不怕困難；因為我們的人生由神帶領，所以充滿信心；因為自己受到信仰太多的幫助，所以也想要分享給需要的人，即使只有一個也好。

我想要以這本書跟所有遇到工作困難、關係緊張、生涯抉擇、甚至步向人生盡頭或生死交關的朋友們分享，希望你在以為沒有可能的情況之下，仍然能夠靠著信念、靠著禱告、靠著神、靠著人與人攜手的力量，一起看見那「百分之一的希望」。

CONTENTS

李開復序——002

方念華序——006

楊寧亞序——010

作者序——014

前言

眼光看向哪裡，決定你走到哪裡——021

第一部 看見可能

1 **愛的存款**——027

用愛包容，用愛澆灌，用愛讓不可能變可能

愛會產生最大的複利效果

2 **繞路而行，也是一種祝福**——037

跌倒不是挫折，而是意志的鍛鍊

失敗，真的沒有不好

3 **心中有神，目中有人**——049

孩子使壞作怪，是在發出愛的呼求

重新定位角色，增加獨處時間

4 **做家人的好朋友**——057

預備家人間的「精心時刻」

改變說話方式，展開新的對話模式

5 **失敗當祝福，挫折當吃補**——067

跟著他的雄心壯志勇往直前

勇於放手的媽媽，就有能幹的孩子

6 **兩塊錢也要省的美好人生**——077

沒有一百分的東西不要買

花錢、購物預先規劃

第二部 看見奇蹟

7 忙碌，也不要失去對人該有的溫度——089
不能換老公，那就「換眼睛」
從離婚證書到重新交換結婚誓言

8 你有多久，沒跟家人好好說話？——097
話語帶來祝福，也能斬斷關係
靜默不語，也是智慧

9 「愛之語」創造美麗的相處——105
少一點「自己」，多一點「我們」
給對方完整的注意力，彼此傾訴

10 饒恕的五顆解藥——113
用寬恕徹底醫治受傷的心
不饒恕，就是把自己關監獄

11 雞婆的說：我在這裡陪你——121
安靜，也是一種力量
感受到被愛，結局會不一樣

12 吵架千萬不要贏！——131
化解衝突第一招：用「我」陳述
化解衝突第二招：立刻致意
快快的聽，慢慢的說，慢慢的動怒

CONTENTS

第三部 看見祝福

13 單親家庭之千軍萬馬——141
世上的苦難，誰也逃不了
常常喜樂、不住禱告、凡事謝恩

14 愛的四道——149
愛，讓我們經歷人世間的永生
信仰，是溝通最美好的模式

15 讓失去盼望的心，重新再活起來——157
一份可以倚靠終身的力量
活出光彩，被愛充滿

16 Let Go & Let God——165
度過挫折，就能看見奇蹟
放下掌控惡習，讓祂帶領生活

17 每個機會，都當作是最後一回——173
做信心的勇士，絕不輕言放棄
勇敢邀請，被拒絕也別在意

恩典一家
關愛：不要讓別人定義你，你可以創造自己——183
關義：上帝和媽媽是我最好的朋友——190

一切美好的開端：恩典餐桌

前言

眼光看向哪裡，決定你走到哪裡

六年前的此刻，我歷經半年內送走三位至親的巨慟。

或許是靠著以前新聞工作的鍛鍊，表面上我可以很快恢復正常，但內心仍處在傷痛中，沒有走出來。以前坐主播台，必須懂得控制自己的情緒，水銀燈一亮，導播喊三、二、一，馬上就得端出專業的笑容播起新聞，長期訓練下來讓我學會了不管喜怒哀樂都要先把自己的心情藏起來，展現最正常美好的一面。最厲害的是就算感冒鼻涕直流，但只要導播開始數秒，我的鼻涕立刻可以停住，等到播完稿頭後才繼續擤鼻涕，想想實在覺得不可思議。

孩子的爸離開後的一個多月，家人們一直穿著深色衣服守喪，當時剛好快要過農曆新年了，突然有天公公穿著一件大紅色的運動外套，上面還繡著一隻金色的龍，我看到時眼珠子差點掉下來，心想：「爺爺，我們應該還在守喪期間吧，這樣會不會太招搖了？」旋即轉念一想，我可以選擇繼續沉溺悲傷，但如果年邁的公婆都已經重新振作，我應該也要努力「正常」起來，正常的笑容、正常的服裝、正常的生活。然而，內在的我清楚知道，我的心還很痛。

家人一一離世以後，整整有三個月的時間我完全記不起保險箱的密碼，無論怎樣努力都想不起來，好多年後我才領悟到，一個人儘管表面正常、笑容專業，但是內心可能還是帶著很深的傷痛，那不是外表看得出來，也不是你穿了什麼顏色的衣服、微笑角度多少所能表達。還好我的信仰裡，有種類似「傷痛治療」的禱告方式，透過這個過程，我可以把所有的心情跟那位愛我的神傾訴——我狠狠地哭、痛快地罵、也好好地認罪，一層層像剝洋蔥一樣，找到自己的感受，完全徹底釋放，最終明白不管經歷多少磨難，神的愛還是源源不絕澆灌我，許多親朋好友持續關心著我與我們全家。

也在這樣的過程，我發現自己對事件的反應往往異乎常人。

有一天我姊打電話給我，難過地說她夢見媽媽在天堂裡，髮色跟以前的棗紅色不一樣，變成紫紅色，而且媽媽以前的頭髮是捲的，現在卻變成直的，她看了很傷心，心想媽媽一定不會滿意這樣的改變。可是我聽了以後是完全不同的解讀，我告訴她：「我覺得那是天堂最新流行耶！最新髮色、最新款式，媽媽真是跟年輕時一樣懂得趕時髦啊！請問妳在傷心什麼？」姊姊先是一楞，卻也因此調整情緒，收起眼淚與擔心。後來她常常跟我說，我有「一句禪」的功力，總是能將看似非常傷心痛苦的事情，用正面的思考方式去回應。

我深信因為神源源不絕給我的愛，讓我能用不一樣的態度看待事情；我也深信生老病死就像春夏秋冬一樣，沒有人可以避免，怎麼回應問題完全取決於你的眼光。我的行事曆上，每天的第一條都是「戴上耶穌的眼鏡」：你可以只顧低頭看自己的苦難，越想越覺得困難、越想越覺得痛苦、越想越覺得自己可憐；你也可以戴上「耶穌牌眼鏡」，抬頭仰望美麗的天空、仰望未來，最重要的是，仰望那位永遠愛你的神，相信祂必會帶領你的人生，那麼結果會完完全全不同。

過去三年透過我的書、見證、分享……我聽到了很多傷心的故事，但也總在每個故事的背後，看到神「化了妝的祝福」。曾有位先知型的牧師為我禱告時，說他看見我走在一條大路上，走著走著，眼看已經要走進死巷，再也沒有路能夠讓我繼續前進了，但是當我靠近仔細一看，才發現居然是一條往上直通的大道，又直、又平、又長。

回首這幾年來我所歷經的傷痛，卻在傷痛裡更堅定對神的信心，最後竟然可以體貼別人的需要，成為別人的祝福，真的是不可思議。眼光看向哪裡，決定你走到哪裡，儘管歷經傷心痛苦，但我深信神所要賜的是平安的意念，不是降災禍的意念，如果我們把眼光放在正確的地方，就會發現死巷不再是死巷，而是一條充滿希望的大道，通往人生下一階段的方向。

第一部

看見可能

母兼父職的我隨時調整自己的角色和帶領孩子的方式，我會擔心，卻從不洩氣。每當負面念頭生起，我會努力換個方式稱讚鼓勵，陪著孩子一起走下去，我相信總有一天，會看到不一樣的孩子與自己。

女兒一路跌跌撞撞，卻為她自己儲備了能力，最後成為面對挫折的戰鬥力。害羞內向的兒子，經過愛的澆灌，漸漸開出喜悅的花朵。當我們把心願放小，尋找各種可能，腳踏實地做該做的事，往往會有出乎意料的結局……

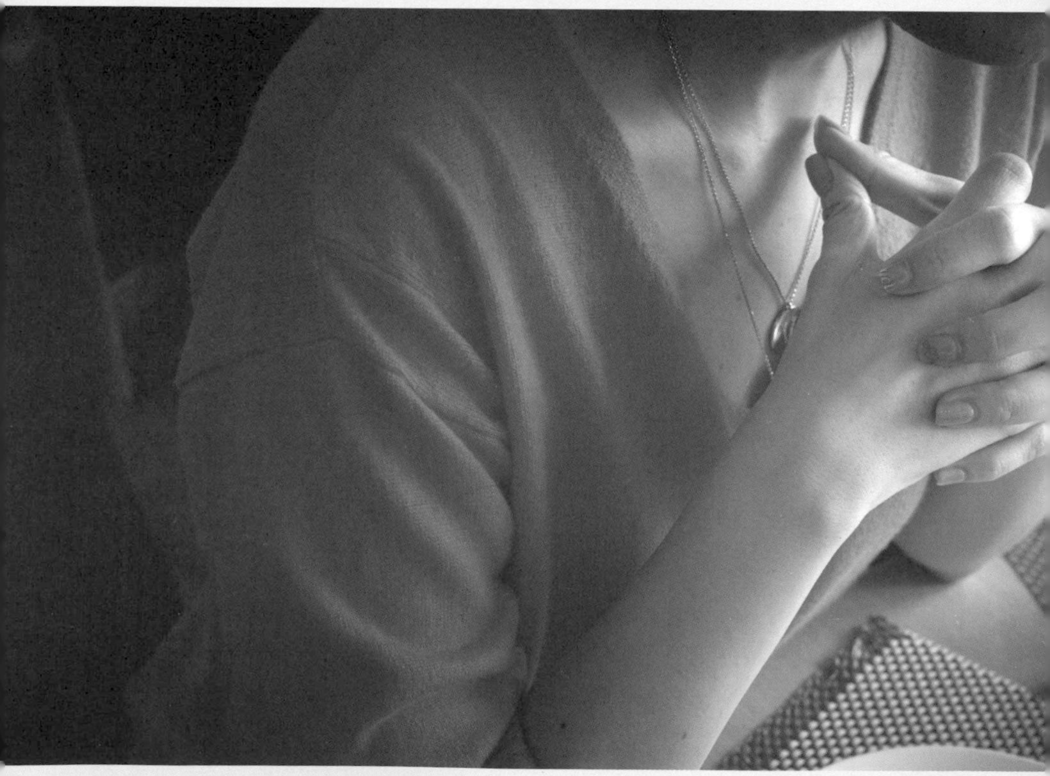

愛的存款

在兒子的身上，我總是在越挫越勇中看到源源不絕的希望。我想最大的關鍵，就如同我之前寫的理財書所說的一樣：「過去的績效不代表未來的獲利，你能做的就是定期定額、持續不斷地投資下去。」

我的兒子從小爬得比別人慢、說話比別人晚，學業之路也跌跌撞撞的。記得他七、八個月的時候，我帶他出去跟同齡的小朋友玩耍，俗話說「七坐八爬」，但眼見別的孩子已經滿地亂滾、亂翻、亂爬，我家弟弟不知是否因為太健康、太胖，你得推他屁股一下他才會爬一步，就這樣一推一爬，人家都已經不知道爬了幾圈回來，他還在原地打轉。他開口的時間也比別人晚，別的孩子都已經會說不少話和單字了，他依然嚴守「沉默是金」的原則，讓我擔心了好一陣子。學業之路就更不用講了：家裡有一個史丹佛博士的爸爸、一個賓州大

There are always possibilities if you just look for them.

學讀三年就畢業的哥哥，還有念雙語部，可是默寫古文也可以考一百分的姊姊……我非常清楚教養孩子的第一原則是「絕對不比較」！我知道對孩子一定要用愛澆灌，我也非常努力地試著這樣做，但請原諒我是血肉之軀，我真的曾經在發現他三、四年級了還是忘記帶功課回家時，氣得把整個書包倒在地上，然後還拿「愛的小手」往他小小肉肉的屁股上揮兩下。

別人總是告訴我說男孩子成熟得比較慢，我也老是拿這個話安慰自己，可是當我看到與他同齡的男孩明明就發育得很好、自動自發學習、比賽也很厲害，心底小小的OS還是一直不斷冒出來。我承認我經常擔心，偶爾還會沮喪個兩天，但是我從來都不曾洩氣，就好像《沒經驗，是你最大優勢》那本書裡我的信念：放棄，從來不是我的人生選項。我總是告訴自己，只要給孩子足夠「愛的存款」，時間久了一定會開花結果。

用愛包容，用愛澆灌，用愛讓不可能變可能

什麼是愛的存款？夫妻間設身處地的體諒、對孩子具體的讚美、對老闆同事真誠的感謝、甚至是給付出不求回報的父母一個溫暖的擁抱，這些都是愛的存款，只要平常的存款足夠，偶爾有爭吵、挫敗、意見不合的時候就不用害怕。有些夫妻不敢吵架是因為存款不足，一吵，微薄的感情就出現撕裂傷，最後冷處理變成常態，愛的存摺裡面全部是負債。

親子銀行開戶時先要有「過人的耐心」：有時候看到兒子成績單的紅字、鬼打架的聯絡簿、流水帳的作文，一方面自己口吐白沫、火冒三丈，另一方面要呼喊主耶穌的名三次，然後深呼一大口氣，攔住口舌，絕不發出惡言，期許自己在很難鼓勵的狀況下，還是拚命找出值得稱讚孩子的地方，再加上耐心的等候，一點一滴慢慢地用愛儲蓄。當然，我必須說這真的是很難做到。

我家老大、老二都很知道什麼時候該做什麼事，通常我比較常說的是：

「不要再讀了，趕快去休息。」偏偏老三國小的時候總是狀況外，每次問說你功課做完了嗎？他睜著圓呼呼的大眼睛，很堅定地跟我說都做好了，結果睡覺前才發現「正面的確做好了」，但背面都是空的。我告訴自己：打罵、洩他人志氣、說難聽的話，絕對無法教養出有愛的小孩，我能夠做的就是不停地用愛澆灌他，用正面的語言帶領、啟發他，直到他自己開竅懂事的那一天。

其實我知道，弟弟從來沒有不想努力，只是有時候小孩子一想到玩，其他什麼都忘光光了。當我們把心願放得很小，沒有抱太大期望，腳踏實地去做該做的事情時，往往會有出乎意料的結局。從來不敢在人前說話的他，四年級時認真跟著同學一起做科展，不管是連續假期、週末下午，他就是乖乖地實驗、乖乖地做，他很少抱怨，就這樣默默往前走，結果成績揭曉，居然贏過許多優秀的學長姊，得到了全校特優第一。同樣的，我單純出於想培養他敢在人前說話的勇氣，帶他參加了莫斯科發明展，因為這個比賽的規則是，裁判會隨時隨地來到你的攤位前面，詢問你的發明內容、製作過程……而你必須毫不猶豫地、勇敢地、有條理地用英文介紹你的設計理念。結果幾個年齡相近的孩子一起努力，居然以「IOT智慧浴室」獲得了金牌獎回到台灣。

除此之外，一直跟著老師學習scratch的他，也是當別人都在打球玩耍的時候，默默地練習，默默地投稿參加動畫比賽，校內初賽沒人參加，傻乎乎的幸運成為學校代表隊，進軍台北市市賽。可是第二階段必須單槍匹馬去做口頭報告。我看著這個從來不肯在人前朗誦、演講、甚至大聲說話的孩子，跟著老師一遍又一遍練習報告內容，我頭上冒著煙、臉上三條線心想：「貓叫可能還比你大聲一點，可以把嘴巴張開來說話嗎？」或許是我自己太常在台上講話了，知道什麼時候要提高音調、什麼時候要委婉、什麼時候要加上手勢，所以看到一派淡然的兒子，我真的著急得不得了。輪到他實際上場時，場外的我們可以觀看直播畫面，可是聽不到半點聲音，我看到他拿著麥克風一會兒伸出右手、一會兒比比自己的作品，帶著堅定的眼神，從容不迫侃侃而談，坐在外場原本著急擔心的我，突然眼睛一亮心情大轉彎，驕傲地自言自語：「唉唷，畢竟是我生的小孩，上了場就是不一樣！」雖然我聽不到他說了什麼，但是心裡那「不夠好」的念頭，再次地壓了下來，我不斷提醒自己他真的還只是個孩子，千萬不要揠苗助長！幾週後成績公布，他獲得代表台北市進軍全國賽的佳績，這也是台北市第一次有孩子獲得全國賽的代表權，下一階段要面對更多更困難的競爭。

愛會產生最大的複利效果

在兒子的身上，我總是在越挫越勇中尋找源源不絕的盼望。我想最大的關鍵，就如同之前寫的理財書所說一樣：「過去的績效不代表未來的獲利，你能做的就是定期定額、持續不斷地投資下去。」其實我在他身上一直看到求好的心，但或許年紀真的還不到，這時最能給他鼓勵支持的人就是我，所以我經常在家裡上演咬著牙、硬著頭皮鼓勵稱讚的戲碼，但這樣持續不斷地做，我真的看到了不一樣的孩子。

陪伴兒子迎接六年級時，我告訴他說六年級就是全小學最大的哥哥了，當你想要放棄、當你覺得自己不行的時候，你要換一個念頭鼓勵自己，告訴自己「我可以、我試試看、我再多努力一下」，不要輕易讓負面的思想擊垮你。我相信長期不斷的存款與禱告絕對發揮了功效！兒子升上六年級之後，平常回家一定要催促才會寫功課的他，居然已經能夠讓我下班回家時聽不到人聲，仔細一看原來他已經自動坐在書桌前，讓為娘的我真是熱淚盈眶，只想說「感謝主」呀！有幾次我念神學院下課得晚，回家的時候看到他房間的燈還亮著，不可思議的居然自動自發還在寫自修，當下我真的想高喊：「哈利路亞，我出頭了！」

大多數人面對事情不如預期時，往往都是先爆發負面情緒，然後否定自己又否定別人。我的確經擔心過小兒子沒有定性，可是我在低潮中絕對不亂開口、絕不說洩他人志氣的字句。我會換一個角度、用「引導式」的字眼表達，例如「再多努力五分鐘，作業一定更工整」，或是「不用跟第一名的比，只要每一個今天比昨天進步，你就超越了自己」。

小兒非常喜歡電腦程式，我知道寫程式跟數理能力息息相關，於是帶他去找了數學老師，老師瞭解他的狀況後說：「以後每個禮拜天一點到五點到這裡來報到吧！」我原本想要回說：「不可能啦，坐一小時就哇哇叫了！四小時太久了他坐不住的。」最後我決定把自己的嘴巴閉上，關掉負面的言語，取而代之的是：「弟弟，我相信持續這樣做，數學一定會進步！』

兒子帶著盼望，伴隨著不確定能做到的心情，硬著頭皮去了。一次、兩次、三次、四次，幾次下來以前數學總是在及格邊緣的他，竟然在六年級第一次月考考了九十八分，我們全家族真是想要放鞭炮慶祝歡呼了。這時我終於暫時喘一口大氣，慶幸六年小學生涯，愛的存款從來沒有停止儲存，從來沒有間斷放棄。

每當負面念頭生起，如果你能夠換一個方式稱讚、鼓勵，牽著孩子的手一起走下去，我相信到了某個關鍵時刻，你一定會看到不一樣的孩子與自己。愛的存款適用於任何人際關係，用打的、罵的、吵的，或是心急口出惡言，一點都沒有用。從今天開始，面對你的孩子、父母、老闆、同事，或是感情逐漸平淡的另一半，甚至是很久都沒有看到任何進步的學生，開始「愛的存款」，只要時間夠久，一定會有意想不到的複利效果。

我親愛的孩子，我會不斷地支持、一直鼓勵，牽著手陪你們一起走這漫長卻又充滿盼望的馬拉松人生。

繞路而行，也是一種祝福

如果此刻你也正在繞路而行，而且怎麼走都走不出眼前的困境，請試著換上不同的眼光，並為此獻上感恩，因為你很可能因此更瞭解下半段的人生該怎麼走，以及如何解決這些難題。

「一帆風順」這四個字經常是我們對別人的祝福，也是多數人對自己人生的期待。然而，我環顧四周，看到很多成長過程一帆風順的孩子，從小功課好也備受呵護，進入青春期或職場之後，因為環境差異、競爭增加，突然在人際關係、成績表現等各方面都不再吃香，有些人難以接受、有些人更是從此一蹶不振，我還見過有孩子因此要靠心理醫生和吃藥來解決問題。所以「一帆風順」對我來說，並不是一個全然正面的字眼。

很多人看到我都會問：「雅淇，妳究竟是怎麼教育孩子的？三個孩子，三

There are always possibilities if you just look for them.

種截然不同的興趣，數不清的全國冠軍：科展、音樂、武術，甚至還有國際INTEL大賽、美國富比士獎項……為什麼任何困難到了你們手裡，都顯得輕而易舉？」聽到這樣的讚美，我絕對不會假仙說：「沒有啦！」或是違背良心說：「唉呀，只是運氣好！」我總是會直接說「謝謝」，謝謝大家的好意、感謝大家的祝福，但事實上我非常清楚，我的孩子從來不是輕而易舉就有好表現，更沒有所謂的一帆風順，甚至他們總是經過跌跌撞撞之後，才能找到自己該扮演的角色，摸索到該努力的方向。這個感觸，在我女兒拿到全國音樂大賽冠軍的那一刻特別深刻。

跌倒不是挫折，而是意志的鍛鍊

女兒小時候是個過動的孩子，總是有說不停的話、問不完的問題，沒有一刻可以乖乖坐在位子上，每天把我弄得又累又煩。記得她兩歲時，過年期間我們遇到一位從小看我長大的長輩，認識多年，知道再忙我都會隨時保持「整齊」、「完妝」的狀態，沒想到那當下的我全身無力、鬆垮著臉失神坐在他面前，他驚訝地問我：「雅淇，妳是怎麼啦？」我努力抬起眼皮，看向我那正開心著滿地打滾的女兒，對方立刻會意過來，噗哧笑了出來。

試過很多種方法，最後我發現似乎只有聆聽音樂可以讓女兒靜下來，甚至好好坐上一小時不亂動。於是不為別的，只為了讓她可以學習靜下來跟自己獨處，所以從她五歲開始便展開了小提琴學習之路。女兒的進度算是很快，老師說人家通常要一年才能拉完一冊，她大概半年、有時三個月，就可以把一整冊的曲目拉完。當然，這時候貪心的父母對孩子的期待也會跟著提高，於是我們常常藉由參加不同的比賽來增加她的練習與實戰經驗。女兒非常樂觀又大方，每當她迎面向我走來，我總覺得好像太陽的光芒照射過來，把愛與溫暖也帶向我，尤其她笑起來的時候，簡直可以把我整個融化。但奇怪的是，台下的她活潑好動，上了台卻顯得拘謹彆扭，似乎她對上台這件事有特別的恐懼和障礙。

記得她第一次參加小提琴台北市賽的時候，明明無數次的練習都沒有問題，對著鏡子排練、錄了好幾次影片……總覺得前幾名應該不是問題，但就在即將登場的那一刻，她突然越想越害怕，帶著琴要走上台的時候，走著走著不小心琴頭撞到了手扶梯，就這麼一下，四根弦的其中一根完全走了調。其實就定位前她就發現了問題，可是沒經驗的她不知道可以在台上調音，就這樣帶著她美好的技巧、練習了不下數百遍的曲子，在一根弦走音的情況之下撐完全場，當然結果也不盡理想。

對外比賽的不如意就罷了，她很小就參加學校的樂團，大家也是一路看好，每個媽媽都說她又可愛、琴又拉得好，但是每一次面臨考席次，總是會出現各種不同的狀況，有時候緊張、有時候忘譜……而那根本是平常完全不會發生的事，也因此儘管她很小就坐上了副首席的位置，但整個小學階段首席經常換人，她永遠坐在第二個位置沒有變過。

身為媽媽的我雖然不會把孩子的成績當作是自己的成就，但我心裡還是有個小小的聲音，為女兒感到一絲絲的委屈和一點點的可惜。可是波折彎曲的路走多了，我看到了完全不同的功效。上了國中又要考席次的時候，以前總是要我耳提面命趕快練琴、這裡音不準、那裡要慢慢練才有感情的女兒，竟然完全不需要我的叮嚀就主動練習，似乎學琴七年來跌跌撞撞的路，帶給她的不是挫折，而是從此願意真心真意靠自己努力好好表現。

我永遠記得一次暑期訓練時，老師發了一則訊息給我：「媽媽，妳的孩子真不可思議，大家都練得累了，下課時間每個人都在吃蛋糕，只有妳女兒一個人跑到茶水間繼續加練，完全沒有抱怨。」我心想，天啊，她真的是我女兒嗎？真的是那個每次叫她多練兩分鐘就給我臉色看，叫她多拉一下就想跟我大吵一架的孩子嗎？

還有一次學校要去國父紀念館公演前夕，我收到老師傳來一則七秒鐘的短影片，在空曠的舞台上，所有表演者都去吃便當了，只看到一個紮著馬尾、穿著學校黑色團服的小女孩背對著譜架，面對全場五百多個空位，不停練習最困難的那幾個高音。看完影片我感動到眼眶泛淚，突然發覺沒能夠太早坐上首席這件事，似乎成為另一種祝福，如果女兒輕易就有好成績、不費力就能輕鬆過關，我不認為當時才十三歲的她能夠把「用心學習」當回事。

當然，發自內心的努力沒有白費，成績放榜，我的孩子歷經四年的樂團生涯後終於考上首席，而據老師告訴我，原本勢在必得的孩子當場哭了出來。儘管我已經知道結果，女兒回家後我還是問她：「寶貝，今天結果如何？」只見她睜著水汪汪的大眼回答：「媽，其實我可以不要坐首席，因為沒有考上首席的同學很傷心，還哭了。」我不捨地問她：「那妳怎麼處理呢？」她說：「我趕快去拿衛生紙遞給她，然後抱抱她。」我想這孩子或許是自己走過無數次失敗的路後，完全能理解那種失落的心情，才會沒空為自己考上首席開心，反倒是立刻同理安慰難過的同學，對我來說，這個舉動比她考上首席還讓我欣慰與感動。

失敗，真的沒有不好

繞路而行這件事，在我女兒身上一再上演。高一那年，她們代表學校參加台北市「鋼琴三重奏」音樂大賽，通常高中組獲勝的一定是高二、高三的學長姊們，一年級新生只有陪榜的份。而我女兒這一組的鋼琴手只有國二，大提琴手是剛升上國一的小女孩，整組站出去，別人都以為這學校的孩子怎麼發育不良又瘦小！

果然第一場台北市賽，她們就被三個黑衣大哥哥徹底打敗，沒有直接晉級全國賽。但這次很特別的是，北區冠軍從缺，她們雖然是南區第二，分數卻遠勝其他區冠軍，按規定可以因此遞補進軍全國大賽。

遞補成功後，眾人沒有太大的興奮，只是更加謹慎，畢竟成員年紀小、技巧不夠純熟，必須加倍努力練習。沒想到，這三個小毛頭竟然展現了前所未有的爆發力，她們不只跟著老師學習，甚至在下課後繼續自主練習，彼此提醒督促：大提會跟小提說，妳剛剛這個節奏快了我半拍，要看我的眼神才會配合得更好！小提會跟鋼琴說，我們要同時下這個音才會整齊，樂曲才會有氣勢……三個人因為一次的挫敗更加團結、更知道怎麼緊密配合。

全國大賽當天，她們不再像過去那樣到了現場還拖拖拉拉，而是主動拉了塑膠椅在大太陽下抓緊時間練習。比賽開始，前一組又是那群黑衣大哥哥，而且表現得一樣出色，但女兒這一組大幅進步，最後成績出爐，不只得到全國冠軍，而且是超過總平均九十分的特優第一！其中一位老師甚至給了九十四分的高分，所有的裁判評語都很正面：爆發力極強、火力全開、熱情奔放、技巧與音樂性皆屬上乘……這些評語讓我再一次覺得，如果沒有歷經之前的挫敗，她們不會如此拚命努力、不會如此團結一心，儘管過程膽戰心驚，繞了好大一個彎，結果帶來的卻是美好的祝福啊！

這讓我想到一位老友，每次她提到過去十年那段失敗的婚姻，總是有滿滿的怒氣和濃濃的怨恨。有一天，她又激動地說要去找當初的媒人，她認為要不是超級好友，也就是那位她信任多年的閨蜜媒人跟她說一定要嫁給前夫，她才不會這麼衝動就結婚，也就不會白白付出十年的青春。她甚至懷疑是當時的男友，也就是現在的前夫，串通媒人影響她的決定。

我自己也走過十二年的婚姻，很瞭解婚姻生活的點點滴滴會給人帶來什麼樣的影響，我拿自己的心路歷程鼓勵她說：「與其一直埋怨，不如換個眼光，把過去不美好的回憶當經驗，甚至為此獻上感謝，感謝神讓妳透過這段時光更瞭解人性，更懂得婚姻的真諦，也因此更認識自己。然後，我們要做一個決定，決定不要再讓過去不愉快的經驗折磨自己，決定不要把過去不喜歡的感受拿來對待下一個對象。抱怨和算帳無法挽回或改變任何現狀，倒不如換上不同的眼光，把過去的不順利當作是下一個階段的祝福，祝福自己，與自己的下一個對象。」

姊妹把這番話聽進去了，從每天抱怨又想復仇的臉，換成時時感謝讚美的嘴，沒多久已經四十好幾的她，嬌羞著來找我喝咖啡，分享她新的戀情。她不再像過去十八歲時那樣，覺得美好的人生要由對方來成就，十多年的婚姻生活讓她清楚知道，哪些冤枉路可以不用再走，哪些錯誤的想法要趕緊丟掉。

繞路而行，有時候也是一種祝福。真理堂蘇哲明牧師主日講道時說了個故事，他提到某位在神學院教書的神學女博士非常優秀傑出，但多年來總是沒有合適的姻緣，看著自己年紀已過四十，對婚姻已經沒有指望，沒想到好戲在後頭，上帝為她預備最好的：師丈是她的學生，但兩人年紀學識相當，也彼此欣賞，最後結成夫婦。所以她常開玩笑說，這麼好的先生竟然都沒有被台灣女生早早發現，應該是上帝動了手腳，讓台灣女生眼目昏花，把這麼好的弟兄留給了她。

†

眼光怎麼看、心裡怎麼想，決定你走上哪條路。女兒一路跌跌撞撞，卻為她自己儲備了能力，最後成為她面對挫折的戰鬥力。失婚姊妹、過了適婚年齡的牧師，因為繞路而行，最終找到了年輕時從未想過的美好對象。如果此刻你也正在繞路而行，而且怎麼走都走不出眼前的困境，請試著換上不同的眼光，並為此獻上感恩，因為你很可能因此更瞭解下半段的人生該怎麼走，以及如何解決這些難題。珍惜眼前的繞路，準備迎接更美好的祝福吧！

心中有神，目中有人

我必須改變眼光，知道孩子已經不是以前那個小寶寶了，而是一個有獨立思考能力的個體，我要視他為一個完整的人；我更不能把自己當作上帝，覺得我說的都對，你一定要照著我的話去做。

人家都說上國中的孩子就進入青春叛逆期，我有點難以接受。

我家女兒從小到大都是走甜美貼心路線，永遠笑臉迎人，小學六年每學期都拿熱心服務獎，有什麼不愉快的事情，只要給她一顆糖果，她在打開包裝紙的那一刻就已經忘記剛剛在難過什麼。我總是非常感恩上帝賜給我這麼樂觀開朗的女兒，靜能拉琴、動能打球，班上大小活動都喜歡選她做領隊，如果要我不假思索用一個詞來形容她，我會說是「陽光女孩」，因為看到她，就好像看到溫暖明亮的陽光向你走來。一個小故事或許可以代表她的體貼與窩心。

國三時女兒代表學校去參加由鋼琴、大提琴、小提琴組成的三重奏全國賽，他們演奏結束後，換下一組實力最堅強的隊伍上台，樂曲一下，果然震撼人心，我心想要拿獎恐怕不容易。誰知聽著聽著，突然對手的小提琴開始走音，而且越走越厲害，我睜大眼睛一看，原來琴弦鬆了，提琴手一邊努力想要調回音準，一邊還是沒有放棄演奏，當下我的心情非常複雜，一方面為最堅強隊伍可能無法再獲得高分而覺得鬆了一口氣，另一方面感到非常不捨跟不忍，因為我知道每一個可以坐到全國舞台上比賽的孩子，都花了無數的時間練習千百次！聽著聽著，我難過得胃都糾結了起來。

比賽結束後我走到後台，突然有位家長朝我們三位媽媽衝過來，問說妳們是這三個孩子的老師嗎？我心裡一震，心想發生了什麼事？我的孩子做了什麼嗎？原來這位滿臉淚水的媽媽，就是那位琴弦鬆脫孩子的母親，她激動地告訴我說：「他們實在太棒了，拿著萬一得獎時自己要慶祝的巧克力糖，送到我女兒面前，溫暖地安慰她說，『沒有關係，妳拉得真的很好。』」這就是我那樂於分享又很會關心別人的女兒。

當大家都不知道該如何反應，甚至我也選擇了在心裡為對方難過，卻沒有採取任何積極行動時，女兒毫不猶豫獻上關懷，真的比我這個大人還有愛心得多！當天參賽隊伍無數，但真正上前打氣慰問的，就只有女兒這一組。好不容易比賽結束，我們帶著第一名的成績回到學校，沒想到對方家長已經打電話到校長室，告訴校長和老師們這三個孩子的「義舉」，而且再三叮嚀：「你們學校真是太會教育孩子了，一定要好好誇獎他們！」當天拿到的全國第一，或許還不如藉此看到孩子的真心，更令人感動。

孩子使壞作怪，是在發出愛的呼求

沒想到，原本像天使的小可愛，上了國中後轉了個性，有的時候對我愛理不理，有的時候甚至對我頤指氣使，做媽的我實在難以接受。這樣的情況在國

There are always possibilities if you just look for them.

一、國二時到達頂點，母女關係緊繃，她有時還會直接當著別人的面，對我表現出不耐或是說話不禮貌。我不想用情緒對待情緒，在別人面前罵她或說難聽的話，可是我的心裡真的不好受，也不知如何是好。這時我想到了一位小組姊妹，她是四個孩子的媽，我看她一路陪著孩子從小學、國中、高中到大學，印象裡她從來沒有在人前對孩子大呼小叫過，每次她帶著孩子走出來，都讓我覺得頭上充滿天使的光環，想為他們唱一首：「聖潔聖潔，聖潔歸於你……」我開玩笑說他們全家出場的時候，我真的很想跟吳宇森導演借幾隻白鴿在附近飛翔，感覺充滿了平靜安穩的亮光。他們親子相處的模式一直令我非常羨慕嚮往，所以在最低潮的時候，我撥了一通電話給這位智慧的媽媽：「怎麼辦好呢？我家的小天使有時會變成小惡魔，真的是好苦惱。」

見過大風大浪的母親，輕鬆地分享她的經驗：「哎呀，這個年紀的孩子，荷爾蒙作怪，他們自己也控制不了！關鍵時刻，媽媽就要扮演『愛的綜合維他命』。」姊妹以過來人的身分繼續說道：「孩子愛的撲滿如果空空的時候，就會抓狂作怪，但如果愛的撲滿被充滿，就一定會柔順下來。所以當孩子使壞、作怪，其實是在對家長發出愛的呼求，這個時候妳除了多為她禱告，更要多花時間在她的身上，陪她、愛她。」

我猛然驚醒，或許是弟弟年紀比較小，各方面都需要特別加強關照，做媽的我花了不少時間陪他成長；也或許女兒從小功課好、人緣好，我覺得各方面都沒問題，因此少了一些貼心的照顧。我告訴自己，該是時候要改變角色了。孩子小時候我是他們的「司令官」，我說一步他們做一步，但女兒現在是中學生，自我意識越來越強烈，有時候甚至想要以拒絕、反抗來展示長大的決心，所以我決定把自己的角色轉變成「超級好友」，以前是向下看著她說話，現在我必須坐在她的身邊，以同樣的高度像朋友般與她交心。我想到在神學院上課的時候，牧師提醒我們在與人分享福音時，要抓住「心中有神，目中有人」的關鍵。這個原則同樣適合親子相處——目中有人是指我必須改變眼光，知道孩子已經不是以前那個小寶寶了，而是一個有獨立思考能力的個體，更因為女兒聽明伶俐，想法比別人更成熟、發展得更快，所以我要視她為一個完整的人，不能再把她當作是不懂事的小孩。至於心中有神，就是我不能把自己當作上帝，覺得我說的都對，你要照著我的話去做。

重新定位角色，增加獨處時間

從那一刻起，我常在跟女兒說話之前先禱告，求神光照我，讓我知道怎樣說話才合宜，不要命令使喚，而是關心討論。除了重新定位角色，我也按照姊妹的建議，花更多時間在女兒身上，當孩子有了安全感、得到注意力，心中熊熊怒火就容易被熄滅。至於怎樣可以有更多親密時光呢？除了一家人的晚餐分享，我決定把母女倆的單獨時光放在睡覺前，有的時候是幫女兒吹頭髮，有的時候是她關燈上床後躺在她身邊多聊兩句。這樣的改變果然起了作用，睡前的互動、談話的深度越來越能進入她的心。

記得有一天我拿出聖經，打算引經據典作為教訓的工具，讓她知道不合宜的言語會多傷人心，但不知為何，那天晚上的字字句句，回過頭來勉勵了我自己！我跟她說：「女兒啊，舌頭在百體當中是最小的，可是卻能說大話，那麼小的火，能點著最大的樹林。妳知道嗎？我們說的每一句話語都有很大的能力，別說我們多有力氣可以舉起多少重量，能夠勒住自己的舌頭不亂說話，才是擁有最大的力氣，所以媽媽鼓勵自己在跟妳說話的時候，要體貼妳的心，不要點燃妳的怒氣。」女兒馬上回嘴：「我哪有什麼怒氣！也太誇張。」我接著分享另一句我喜愛的經文：「恆常忍耐可以勸動君王，柔和的舌頭能折斷骨頭，所以媽媽講話的時候更要小心，不要隨便傷人的心。」她皺著眉頭回：「什麼舌頭可以折斷骨頭，這個更扯。」我說：「一句無心的話可以使人心碎，折斷骨頭又有什麼難呢？」女兒忽然瞪大了眼睛，好像聽懂了什麼。

就這樣，藉由重新設定母女角色、增加獨處的時光，再加上我勉勵自己要好好說話，三年國中生涯過去了，老實說我只記得簡短的衝突片段（感謝主，健忘是我的一大優點），現在的女兒又回復過去那樣搶著要講學校的事情、樂於分享生活的點滴。上了高中之後，女兒因著那一顆愛人助人的心，還成立了Ai am Possible跨校志工組織，跟志同道合的孩子們一起透過各式的音樂表演陪伴貧病兒童。這個組織從她一個人的想法變四個人共同創辦，短時間又成長到橫跨十所高中、近五十位同學加入，為了志工活動她常會主動跑來問我：媽妳覺得這樣的服務內容如何？可不可以給我一些建議？

†

孩子在成長，母兼父職的我也隨時在調整自己的角色和帶領的方式，女兒的轉變不是一夕之間，但我相信「心中有神，目中有人」絕對是扭轉我們母女關係的關鍵。不久前她還摟著我告訴我說：「有妳做我媽真好。」「當妳的孩子真幸福。」我的小甜心又回來了！真的是感謝讚美主！

做家人的好朋友

在愛裡與家人有約，花時間陪伴家人，預備家庭的精心時刻。透過你的陪伴和榜樣，你的家庭，你的孩子，將會效仿你，一生走在正道上。

我跟我的繼子是在他十歲時認識彼此，那個時候每天下課他回到家，我總是熱情地問他說：「今天在學校過得如何？有沒有什麼有趣的事情？你學了什麼？」可是常常我得到的回覆，就是簡單一個字：「好。」或者最多兩個字：「很好。」我知道他不是不願意回應我，他最喜歡我陪他做功課，更喜歡我幫他考前複習，我記得他總是說：「媽咪，妳每次猜題都好準！」他的成績向來也維持在一定水準。

對於他下課回家的反應，一開始我覺得很挫折，後來有一次我聽了洪蘭博

There are always possibilities if you just look for them.

士的演講，她提到男生女生的大腦構造天生不一樣，尤其是語言區塊——男生在教師節時拿到一張空白卡片要寫給老師，可能就簡潔地寫下「師恩如山」四個字，然後簽個名送出去；但是女生會說：「謝謝你，老師，你曾經……做了……我到現在都念念不忘，非常感恩。」接著附上一堆文情並茂的謝詞，再畫個愛心寫下自己的名字。

我明白這個不一樣之後，決定要做點不一樣的事，當孩子們的榜樣，也做他們最好的朋友。女兒跟小兒子陸續出生，我學著把孩子當大人和朋友對待。我會告訴他們我的事，每天他們下課回家後，我會先分享自己今天做了什麼，也讓他們清楚知道我的交友狀況，向他們介紹我所認識的每一個朋友、小組組員，甚至是他們的家人孩子，我希望我的孩子們積極參與我的生活、瞭解我的想法。女兒、兒子念小學時，我們的晚餐時光通常就在聊天中度過，每次上桌，我問：「今天誰要先分享啊？」如果姊姊說「我先講」，弟弟就會立刻搶話說「我也要先」，然後我還得拿出骰子來決定先後順序，但我很享受大家彼此搶著分享的時光，深信關鍵就在做媽媽的率先身體力行。

預備家人間的「精心時刻」

隨著女兒上了高中課業越來越忙，有的時候為了補習或比賽練習，大家一起吃飯的時間就少了，回家後她也只想好好休息。於是我開始把這種聊天變成一對一、睡覺前的親密交流，因為在昏昏欲睡的放鬆時刻，她也不會想要跟媽媽爭執或鬥嘴，反而是卸下心防告訴我在學校跟老師的互動、同學間有什麼好笑的事情，或者是最近的挫折難過。我總是愉快地一邊幫每天要練琴的女兒按摩，一邊聽她真心分享心裡的故事。

小兒子的狀況又不一樣了，就是個省話的男生大腦。但是我這小兒子有一個很可愛的習慣，喜歡我在他睡覺前幫他抓抓背，我常形容說我像是古代的妃子，在皇帝睡覺前要侍寢。我會抱著他幫他抓背，抓著抓著我說：「不行，光

There are always possibilities if you just look for them.

是我有事做你沒事做，這樣不公平。不然我一邊抓背，你就一邊說說學校的事情，你停我也停，你說我就抓。」於是在他睡覺前，我們會親密地拍拍抱抱，他為了享受抓背的服務，會拚命想今天學校發生了哪些事，分享越多，媽媽才有更多的時間幫他抓背。

與家人孩子深刻地分享與聊天，是我持續用心經營的一件事。小兒在五年級的時候，寫了一篇文章投稿《國語日報》，他在內容中寫道：「我們一家四代，從老爺爺開始到我都是虔誠的基督徒。從幼稚園起，每週日一起上教會是我們家族的傳統，爺爺常說品行比功課重要。他也提到週日兩小時的教會時間絕對不會影響功課，所以不管大考小考都不能中斷。」

也因為兒子從小上主日學，很多聖經故事都耳熟能詳，像是小個子大衛靠著對神的信心打敗巨人歌利亞，還有摩西過紅海等等故事，他還順便註明了：「我的名字叫Aaron，就是取自聖經摩西的弟弟亞倫而來。」教會活動結束後，全家族的人會找間餐廳一起吃飯，儘管大家平常各忙各的，但是在週日的餐桌上，大夥兒聊著自己的生活，像是爺爺奶奶剛做完體檢一切健康、表哥暑假回台灣打算到醫院實習。他還寫到他想要加強數學，大姑姑立刻提供了之前表哥的補習班資訊，於是很多生活訊息、每個人的心事，都是靠著一起吃飯聊天交換而來。

我特別感動兒子寫到一段：「有記憶以來，週日就是教會活動跟家族聚餐的時光，有時候我想要偷懶缺席，媽媽總是告訴我：『等你結婚出國後，最令你難忘的，會是每週日家人一起跟神相聚、與家人共享美食的美好時光。』」文末他還補了一句：「我想我一定會好好延續這個溫馨的家族傳統。」

改變說話方式，展開新的對話模式

在我的信仰裡，做家人最好的朋友還有另一種方式，就是一起禱告。我的好友方念華曾與我分享，以前孩子還沒出國念書時，他們一家人最常做的，就是睡覺前爸媽抱著孩子一起禱告，透過上帝，讓彼此的關係更加緊密。我小姑的兩個孩子也都在國外讀書，但每個星期一定會有一次，他們一家四人用網路視訊的方式聊聊彼此的近況，儘管四個人可能在四個不同的時空，他們還是會彼此祝福、彼此禱告。這樣的聊天分享，不需要形式上的完美，「有比沒有好、短比長好，簡短明確更好」，沒有固定的方式，但是要有固定時間，持續地做。

因為長年跟我這個愛聊天的媽咪分享，長大後的老大是一個非常貼心的暖男，在美國應該算是最年輕的生物科技公司執行長之一，但只要他回到台灣，就會牽著弟弟妹妹的手帶他們去上學，常常我望著他們的背影，總是聯想到「長兄如父」四個字。儘管經常國內外跑，但他會隨時報告行程、分享工作上的酸甜苦辣，就連在國外配眼鏡，也會拍幾張照片，傳給我問說：「覺得哪一副看起來比較成熟？我拜訪長輩客戶的時候要用！」

直到現在，我們四個人常會一起去旅行，老大會貼心安排車子、訂飯店、開車，甚至每一餐開動前，他一定會帶著大家禱告，而當弟弟妹妹搶著動筷子的時候，他會說「等一下」，然後把菜轉到我面前說：「媽媽先開動。」當然，吃完飯後他一定主動去付錢，更是深得我心，哈哈！我還記得有一天下午，我突然接到他從美國打來的電話，說今年暑假想特別跟弟弟妹妹有多一點時間一起讀經，然後開始跟我討論起怎麼做比較好。

除了聊天與禱告，我也試著改變自己說話的方式。孩子幼稚園、小學中低年級階段，我比較是直白式的要求：該這樣做、那樣做；高年級後，我得先接受他們已經漸漸成為獨立的個體，有自己的想法，我必須力行「心中有神，目中有人」的法則。好比說，女兒每次出門都匆匆忙忙，所以常會遲到個幾分鐘，以前我總是凶巴巴對她說：「快一點好不好。」結果每一次都弄得大家不高興。後來我學會另一種說話的方法，我跟她說：「如果我想提醒妳動作快一點，妳可不可以告訴我，該用什麼方法提醒會比較有效呢？」

進入高中，女兒開始希望能夠獨自跟同學出遊，有一次應該練琴的時間跟她希望和朋友出去的時間互相衝突，我當然堅持練琴優先，但她也堅持說早跟我提醒過她要出門，是我自己忘記了。以前的我總是覺得「做媽媽的一定對」，可是這一次她主動提出建議：「媽，我發現我們每次都為了彼此的行程搞得不愉快，不然我來設立一個Google行事曆，把我告訴過妳的事情全部填上去，妳要規劃家族旅行或是幫我安排老師上課前，先看一下行事曆，妳覺得這樣好不好？」當她提出這樣的建議時，我真的非常汗顏，因為我只知道生氣，規定她這樣那樣，卻忘了其實還有對雙方都好、更溫柔的處理方式，才能真正解決問題。當下我真是佩服女兒比我還有智慧啊！

†

根據美國教育學家統計，中產階級的父親平均每天只花「三十七秒」的時間陪伴孩子。太過短暫、品質不佳的親子相處，使得不少人的家庭關係淡薄，情感連結、心與心的距離越來越遠。我也曾聽過一位太太抱怨她的先生，說他雖然沒有外出應酬，的確待在家裡，可是只顧看自己的報紙、做自己的工作，「他的屁股有在，可是心沒有在」。

我記得看過書上寫，猶太人教導兒女的方式是「陪伴」的教育，孩子的教育是「花時間」的教育，要教導孩子正確的價值觀，讓他們走當行的道路，這才是他們美好人生的保證。我期許自己經常練習在愛裡與家人有約，多花時間陪伴家人，進一步用心預備家人之間的「精心時刻」，好好的聊天，深度的對話，我深信透過陪伴，孩子將會與你更親近、感恩你的用心，將你當作美好的典範，一生走在正道上。

做家人最好的朋友，你的方法是什麼呢？

失敗當祝福，挫折當吃補

我期望孩子經歷的各式各樣困難，都能成為美好未來的養分，我也期望他們都會願意回來跟我分享訴說……我期許自己總是打開心聆聽他們的困難，引領他們看見美好的未來。

美國工作的老大在家族聊天室裡貼出一個訊息：獲邀「Forbes Under 30 Summit」，短短一行字毫不起眼，他自己也不以為意，只是例行報告生活點滴。我看到後不管時差馬上拿起電話打給他，商業周刊記者出身的我知道這是很大的榮耀：能獲得世界知名、美國一流財經雜誌富比世的邀請，與全球優秀企業領導人參加高峰論壇並發表演說，已經是莫大榮譽；能從美、加地區超過一萬五千名候選人中，被篩選出來代表三十歲以下各領域優秀並影響未來的三十位青年，更是天方夜譚。只見老大冷靜地說：「對方信裡有說，先邀我參加

There are always possibilities if you just look for them.

論壇、當天安排拍照定裝和錄影訪問，但最後不一定是30 under 30得主！」

經驗老道的媽媽，判斷對方都大費周章安排定裝、攝影、錄影了，哪有可能最後不選你？不管結果如何，我說：「我飛一趟美國去陪你，不論得主是誰，媽咪就當個小跟班在旁邊協助你吧！」於是四天之內我安排好重重轉機的旅程，五天四夜台北來回美國底特律助陣。我們抵達之後，主辦單位果然證實，得主除非親自飛來，否則因為怕名單洩漏，一律不讓本人提早確認。還好我趕上了：看著試衣間滿滿的衣服鞋子，完全是拍攝時尚雜誌封面的陣仗；看到全美專業攝影團隊，如何引導不善面對鏡頭的老大拍出最自信的模樣；還有動態影像團隊全程跟拍，目的是為了錄影專訪與花絮的畫面緊湊好看。雖然轉機加時差讓我生理時鐘大亂，回台灣一週後都沒有調過來，但我好慶幸在這樣的關鍵時刻，我能陪在孩子身邊成為支持的力量。

跟著他的雄心壯志勇往直前

回想起我們家老大一路走來的過程，同樣從來沒有一帆風順。或許因為國小就經歷父母離異，所以他總是靜靜的，很善於觀察但不太愛講話。當年我決定結婚後，即便老闆要升我到新聞工作者最夢想的職務，我還是毅然決然辭去工作，因為不希望孩子放學後只能在電視機裡看到媽咪，當時我每晚陪著他睡前聊天，陪睡久了，慢慢聽到越來越多心底的話，也聽到孩子很多的疑惑和不解。

我陪著他讀書考試，帶著他練習演講、學琴、準備科展比賽，體驗許多不同的事物，我出版的第四本書《精算大師：打造資優小富翁》，他還親筆幫我寫了一篇序，我到現在還留著原稿。他的課業成績從來不是頂尖，但有一顆好奇心與超級敏銳的觀察力。當他中學拿到科展全國冠軍時，我覺得他真是厲害；當他二〇〇八年參加英特爾國際科學與工程博覽會（Intel ISEF），在「細胞和分子生物學」項目中獲得亞軍，大會還將一顆小行星以他為名作為榮譽（現在上維基百科輸入「24347ArthurKuan」都能查到），當時我真的認為人生高峰莫過於此了。

幾年後，孩子們的爸爸因病離開時，他才剛大學畢業，有天突然有感而發跟我說：「媽咪，我想要成立癌症基金會。」我楞了幾秒，儘管心中一堆問號：錢哪裡來？這是世紀不治之症耶！你才剛出社會……不過我勒住自己的口，沒有對他說任何洩氣的話，只是點點頭，把嘴角往上提，微笑對他說：「你好棒！這麼年輕就有這樣的雄心壯志，這真是個好點子。」

神的安排真的很奇妙，我們一家都體會到神並不只是要讓我們經歷苦難，而是要經過這一切，更能體貼別人的需要，成為別人的祝福與幫助。他這次獲得Forbes 30 Under 30的項目，正是HealthCare健康醫療類——他提出以免疫療法來治療膀胱癌，第一、二期的臨床實驗都有很漂亮的成功數字，並且在三十歲之前募得十億資金推動新藥上市而獲得注目。老實說，這個案子是他出社會以來遭遇最多困難、最多挫折、最覺得做不下去、甚至是最想要放棄的，無數次聽到他說：「需要禱告，因為真的很不容易！」而此刻，我翻著美國版富比世雜誌裡他的全頁報導，看著美國團隊訪問他的影音內容，聽他娓娓道來父親給他的啟發、如何度過重重難關向前邁進……我心中真是感觸無限。

我的三個小孩興趣都不一樣，老大喜歡生物科技，從小到大參加過無數次科展，在拿到全國第一之前經常都是付出長時間的研究但沒有任何結果。從小到大雖然他因為是「主播的孩子」，所以老師很愛找他參加演講比賽，但他從來沒得過好成績，他不是那種可以在眾人面前高談闊論的舞台型人物，但當他跟你說起他的科展研究時，你會被他的熱情與細心吸引，當他跟你分析所投入的新藥開發如何充滿願景的時候，兩岸三地的投資人都會因著他的專業沉穩，簽下鉅額投資支持他一路努力下去。每次看著他，我都深深覺得「每個孩子都不一樣，要歷經重重困難，才會真正長大」。

女兒對音樂特別敏銳，喜歡打籃球並充滿熱情。她五歲開始學琴，十五歲以前所有比賽都成績普通，但那股「越挫越勇、越努力」的精神，讓她國三、高一連著兩次獲得全國音樂大賽冠軍，高三還申請到國家音樂廳表演。

小兒子則是省話一哥，最害羞內向，連我想要多問他兩句學校的生活，常常也只得到「單字」式的回答。喜歡程式設計的他，所學的課程我通通聽不懂，但我一樣用陪伴、鼓勵來支持他，用肯定、相信來澆灌他長大，最後在小學畢業時拿下「特殊才藝獎」：資訊類第一名的成績。

三個孩子，三種完全不一樣的興趣，每一種我都不懂，所以每一項我都跟著他們一起學習，好像重新再活了一次。我不會規定他們未來要念什麼科系、長大要做什麼行業，因為現在的科系太多是我沒聽過的，ＡＩ教父李開復就說過：「千萬別聽爸媽要你捧的鐵飯碗，因為未來的職業，現在有百分之九十還沒出現。」所以孩子遇到困難、挫折、沒經驗、無法克服的時候，我都很正面看待，認為這不但正常，說不定還是好事。

勇於放手的媽媽，就有能幹的孩子

陪伴孩子成長的路上，我有個很深的體悟，「樂觀的媽媽，才有開朗的孩子」。儘管他們從來不是第一天就有好成績，甚至課業表現上從來都不是第一名（好像連前五名都沒有），但我絕不用數字定義他們的人生，也不會為了一次考試成績就讓親子關係陷入緊張，畢竟誰記得孩子國中哪一次月考英文幾分！不要否定孩子的想法或夢想，我相信每一個生命都會散發出不同的光芒；我也絕不輕易開口說負面的話，因為你永遠不知道神會帶你走往哪個方向。

我還堅信「勇於放手的媽媽，就有能幹的孩子」，所以從小到大他們想要什麼，就得自己去問、去要，舉個最簡單的例子，在他們還不會說英文的年紀，到了國外想要喝水，就得要自己去問，看著才幼稚園的孩子，爬下椅子用剛剛背好的英文去點菜、要水，實在非常療癒，但這樣的訓練也養成他們現在長大了知道「需要什麼，就得自己去開口、去努力」。越早養成正確的習慣，家長就越輕鬆，所以現在在沒有要求他們的情況下，我出門完全不用拎行李，三個孩子會主動輪流幫我；外出用餐我不用伸筷子，他們會輪流搶著把菜夾到我盤裡。身為媽媽，不要想當女超人，不要幫孩子們把該做的事情都做完，讓孩子多去嘗試，失敗沒關係，失敗後才知道下一次要怎麼做更好，真正的成長都是經過無數次挫折後，才能開花結果。失敗是最好的養分，才能長出最結實的果子。

三個孩子裡有人曾經考過同年級最低分，老師告訴我這個消息的時候，我說了一句「哎呀，我的媽」，頭上應該有烏鴉飛過，還冒出三條冷汗，不過我沒有立刻大發雷霆，回家後我把孩子的考卷拿來分析一遍後，發現這完全是沒有準備的後果，不代表他笨或真的不會。於是我沒有把孩子叫來破口大罵，而是找一個四下無人，能顧及他面子的角落告訴他：「你明明很棒，比爸爸媽媽還聰明，可是沒有好好準備，所以才會拿這樣的成績。媽媽是無所謂啦，你的成績不代表我的成就，可是我想讓你思考的是，你希望別人提到你名字時，想到的是認真負責的孩子？還是做事馬虎的人？你自己決定喔！」通常引導正念，比直接罵人有效，常常給他們對的觀念，用啟發代替硬性規定，生命自然會走往正向。

父母口中的每一句話語都會影響孩子。父母面對孩子的挫折失敗，第一個關鍵性的祝福或語言，會一輩子烙在孩子的心上。印象很深刻，小時候媽媽面對我的失敗，總是正面回覆。我剛出社會去中廣應考，第一關口試模擬播新聞，才開口兩句話就被刷下來、請出門，回家後難過得呼天喊地，畢竟這已經是第三次應徵，前面每個工作機會也都無疾而終。媽媽聽完我當天的遭遇，安慰我的方式很有趣，她說：「哎喲，說不定他們這次想要找台灣國語的主播，妳咬字太清楚、國語說太好了，所以才不合格啦！」媽媽這樣的樂觀性格影響我很深，現在我對於孩子也是這樣的態度。

眼前的成績普通、比賽沒得名、競賽失敗再也不會影響我的心情，我期望孩子經歷的各式各樣困難，都能成為美好未來的養分，我也期望他們都會願意回來跟我分享訴說。根據這些年的經驗，拿出「失敗當祝福，挫折當吃補」的精神，我期許自己總是打開心聆聽他們的困難，引領他們看見美好的未來。

兩塊錢也要省的美好人生

不管是坐捷運、搭公車可以省下的兩塊錢，「沒有一百分就不要買」的用錢態度，還有零錢「積少成多」的故事，我都是希望讓孩子們學會珍惜擁有。

國慶連假四天，我沒有安排任何出遊活動。過去孩子從小到大的事項都是由我一手規劃，現在女兒念高二、兒子也國一了，我心想應該要培養他們安排行程的能力。於是我大膽提出要求說：「你們兩個計畫一趟小旅行，帶媽媽出去玩吧！」

姊弟倆上網搜尋討論一番，決定帶我「流浪到淡水」。出發當天，我們母子三個人揹著小背包，一路從家裡步行到捷運站。走往捷運站的路上，姊姊開始檢查弟弟的背包。她問弟弟：「有沒有帶學生卡？」弟弟回答：「沒有啊！

帶這個幹嘛？」姊姊大聲告訴他：「學生卡搭公車可以便宜兩塊錢，以後出門記得隨身攜帶。」我走在後頭聽了忍不住竊笑，我們家這個姊姊真的是精打細算的高手！走著走著我又聽到姊姊跟弟弟分享搭公車的經驗，她說暑假實習期間她每天都自己搭公車，從第一站搭到最後一站去實習地點報到，而且在公車上她堅持有位子也不坐，她自信地說：「我這麼年輕可以站，因為萬一有需要的人上車不好意思要我讓座，害人家沒得坐就不好了。」弟弟似懂非懂說坐一下不會怎樣，有人來了再讓位就好……一邊聽著姊弟可愛的對話，一邊讓我想起很多往事回憶。

沒有一百分的東西不要買

每年暑假我都會帶孩子們去不同的地方參加暑期課程。姊姊國中時去美國，她為了要不要買一頂五塊美金的帽子，傳了簡訊給我，後來通上電話，她還在視訊中戴給我看了一番，確定值得買才下手。

暑期課程將近兩個月時間，我給了她兩百五十美金的零用錢，讓她可以購買課本文具，或是想念東方食物時買來解饞、週末跟老師出校門時買點小紀念品，還是急用時能夠派上用場。我心想這些錢應該足夠。課程快結束前，一天她打電話給我報平安，我突然想起零用錢便關心地問：「錢還夠嗎？」她天真地回答：「夠啊，還剩一些。」

我心想「一些」究竟是多少？結果答案是：兩個月花了「不到五十塊錢」。我嚇了一跳，說妳怎麼沒買點紀念品，或者去吃一些想要吃的呢？她認真地說：「媽，妳不是講過，沒有一百分的東西不要買！那些小東西我看回家根本用不上，就覺得不要浪費了。至於吃的東西，學校有什麼就吃什麼，不要挑剔啦！」

弟弟年紀比較小，小男生對喜歡的籃球鞋毫無抵抗之力。每當功課表現不錯或是比賽拿了好成績，他就希望買雙球鞋作為獎勵。一次比賽後，他的心願又是用獎金買球鞋，我通常不會直接對孩子說不，於是換個方式告訴他：「弟弟，去打開鞋櫃，把你所有的鞋子排出來，看看哪些是上學要穿的、哪些是週末練球必備的？然後你算算看現在總共有幾雙鞋？再想想你可以搭配的衣服，還有你腳長大的速度？分析之後給我一個報告，告訴我該不該再買，或者是該怎麼買。」

只見兒子心不甘情不願，跺著腳走到玄關處，嘴巴還唸唸有詞：「怎麼這麼麻煩……」他把所有鞋子排在門口算一算，再東看看、西看看，最後有些氣呼呼地說：「好吧，算了！鞋子好像還滿多的，就先不要買好了。」

花錢、購物預先規劃

我常常告訴孩子們哥哥小時候的故事，或許因此在他們心裡種下了金錢觀的種子。我告訴他們以前爸爸每天下班回家時，就會把口袋裡的零錢掏出來，放進一個玻璃缸裡，積少成多，玻璃缸滿滿都是一塊、五塊、十塊的銅板。剛開始哥哥不以為意，沒有理會那些小錢，但我常跟他分享全球首富巴菲特連一毛錢都不會浪費的故事。有一天，我真的帶著哥哥把那些零錢以一百元為單位，一捲一捲用白紙捆起來，然後趁傍晚下課後，帶著他一起去黃昏市場，買齊了當天全家人的晚餐，連他想吃的早餐、零食也一次補足。那些不起眼的銅板居然買到了足以餵飽家人兩餐的食物，這時哥哥才發現積少成多的威力，再也不敢看輕任何小錢。

如果對於小錢都這麼重視了，換作是買手機的金額，更是要審慎評估。我們創立的STUDIO A是國內第一個賣iPhone的通路，但我的朋友都知道，小兒子到了國一還是沒有手機，姊姊到了高二還是借用哥哥的舊款，而且只能在有wifi的地方使用，我從來沒有給她買過所謂的「吃到飽」。在此之前，除了去國外上暑期課程的那一個月，他們從來都沒有隨時隨地翻看手機的機會或習慣。或許我是老古板吧！我想起小時候老師有任何事要交代，都會要求我們抄寫在聯絡簿上，我認為在學校專心聽課、記下老師交代的事項是學生的本分，所以「看LINE瞭解功課」絕對不是買手機的理由。就算暑假期間住在國外學校的宿舍裡，我在借他們手機前一定也會說明手機真正的目的：一是要天天跟媽媽聯絡報平安；二是利用相機功能紀錄學校的人事物跟媽媽分享，或是跟同學合影留下美好紀念，總之絕對不是讓你拿來無時無刻聊天、打電動的休閒工具。把手機交給孩子之後，我還會再多叮嚀一句，如果沒有跟媽媽聯絡報平安，就代表你不瞭解手機的真正用途，那麼下次就不用帶了喔。孩子明白了真正用途，當然還是會在我看不到的時候打電動（難得放暑假我也睜一隻眼、閉一隻眼啦），但是他們也確實做到了出門在外隨時跟媽媽保持聯繫、分享學習進度的基本要求。

記得有一次跟AI教父李開復分享我對孩子使用手機的規定，他跟我說，這樣太老派了吧，孩子的資訊能力和科技認知不就落後了嗎？當時我還真是羞得想躲到地洞裡。可是環顧四周，我發現大部分的孩子也不是真的拿手機來培養什麼科技認知，絕大多數都是跟同學聊天、看別人IG動態。幾次姊弟倆的同學不小心把我加進了聊天群組，我發現孩子們聊天的內容有時候真不營養，青春期調皮還會說些有的沒的，當下再次慶幸孩子不在群組裡，靠著每天在學校真實面對面的互動，他們一樣擁有知心的朋友。

無數次聽到家長的對話，埋怨的不外乎都是每晚必說：「快點去做功課、快點把手機收起來……」這類內容，而我自己就是嚴守吃飯時間絕對不拿手機上桌的家長，我不希望長大以後我的孩子這樣對我，所以現在我就以身作則！孩子從小到大，我也絕不會因為他們哭鬧就把手機塞過去。吃飯或外出時我們一定會帶著彩色筆、繪畫本或是好幾本書來度過點菜、等出菜的時間，孩子早已經習慣出門前要自備打發無聊的工具。中學以後姊姊更是出門一定隨時攜帶一本書，不論是準備考試也好，自己有興趣的課外讀物也罷，有時甚至是她寫好的筆記，趁空檔還會塞到我手中叫我反覆考考她。

當然我也不可能禁止他們一切的網路行動，之前寶可夢非常流行，我讓孩子們在暑假期間適度投入遊戲，甚至在大家玩得最火熱的階段，我們三個人一人騎一輛腳踏車，一面兜風，一面陪他們珍禽異獸抓個夠、道館打到過癮，我自己也玩得很帶勁，孩子回學校還能和同學分享破解招術呢！

對於金錢和手機，我向來在意的是使用原則。儘管我或許有能力讓孩子們過著不匱乏的生活，但我認為更要讓他們從小就學會分辨「需要」跟「想要」是兩件不同的事。記得一年我們母子三人在國外，弟弟衝動買了件褲子，回去之後發現款式不適合，三個人就為了要退掉那件二十塊美金的褲子，站在店裡整整排了一個小時的隊。雖然我排得腰都快斷了，我們還因此少去一個校園景點，但我真心想要藉此提醒他們「需要」與「想要」的差別。

†

不管是坐捷運、搭公車可以省下的兩塊錢，「沒有一百分就不要買」的用錢態度，還有零錢「積少成多」的故事，我都是希望讓孩子們學會珍惜擁有。

二十年前我出的第一本書《精算大師》，內容就是如何靠著合宜的金錢觀與理財心法，二十五歲賺進人生的第一個一百萬。我期許孩子們從小由家長帶頭，建立起正確的價值觀，一點一滴累積，必能穩健踏實地勾勒出自己的美好人生。

There are always possibilities if you just look for them.

第二部

看見奇蹟

差點離婚的夫妻最終重新慶祝結婚紀念日，失去至親的傷痛最終平復釋懷，面對造成生命傷痕的人最終選擇原諒……這些轉變，你說不是奇蹟嗎？

透過愛與陪伴就能拉近彼此的距離：只要學會愛之語，就可以知道自己希望怎樣被愛，更可以知道如何愛對方；只要能感受到被愛，所有問題的結局都會不一樣。寬恕能醫治受傷的心，透過「饒恕的五顆解藥」，一次又一次洗滌沖淡怒氣，你會看到更多生命轉變的奇蹟。

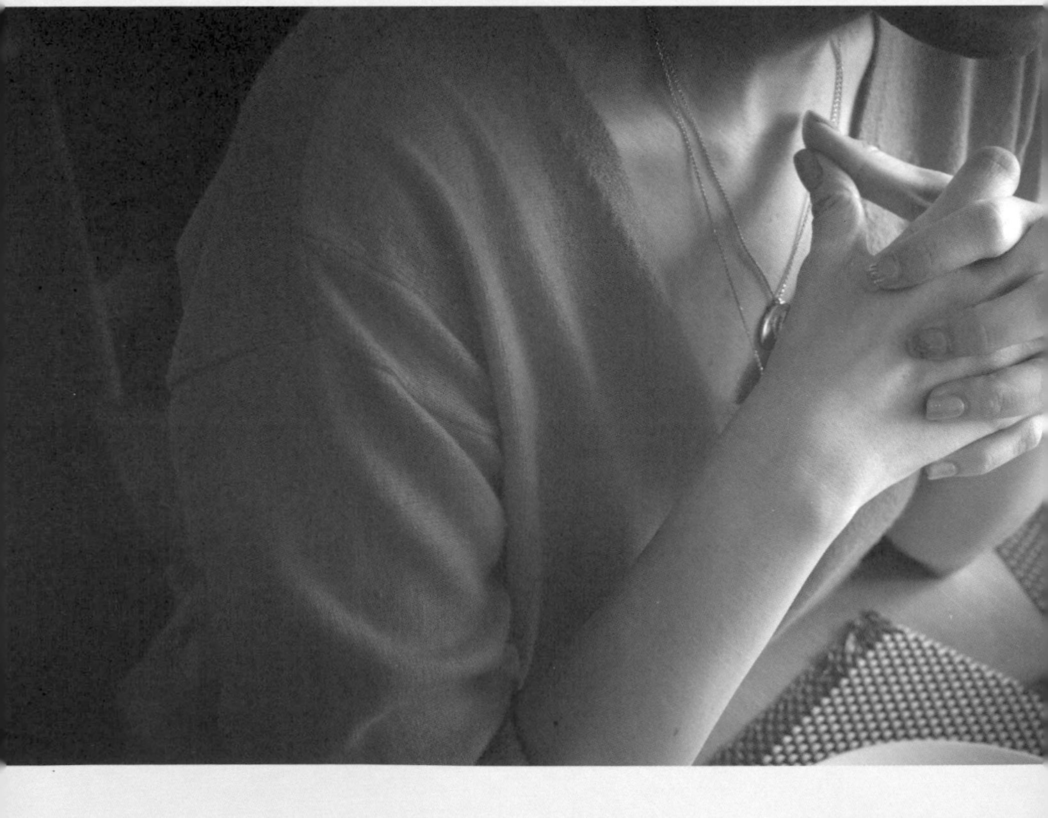

忙碌，也不要失去對人該有的溫度

不要想用冷戰或是火辣的開罵去改變一個人，也不要奢望用碎碎唸的方法讓任何人有不同的心意，你只能改變自己的眼光，然後用無限的愛去包容，重點還要不求回饋耐心等待。

帶著我的書《沒經驗，是你最大優勢》準備送去好友家，出發前我很明白，這絕對是東西送到就立刻得走的地方，因為這對夫妻長年失和，只為了孩子才繼續住在同一個屋簷下，多年的婚姻感情早已破裂。我忐忑地坐在他們家客廳裡，年輕太太很開心我的來訪，可是轉頭看到老公從房間走出來，馬上變臉露出不耐與不屑，老公則一臉漠然，現場像冰庫一樣凍到極點。

當時他們差不多已經決定要離婚了，長期忙碌的太太，幾年來靠著不停出國、出差來逃避不愉快的情境；先生更是疲於互動、不想多講話，也沒有想要改變的意願。兩人的婚姻持續惡化，離婚證書只差最後的簽名就可以完成，但在最關鍵的時刻，夫妻倆的大家長出面了，這位溫柔的智者沒有指責他們，也沒有長篇大論，只是堅定地告訴他們：「不要把離婚，當作解決問題的選項。」

現代社會裡，「離婚」好像是一種流行，打開電視和報章雜誌，明星名流的離婚消息見怪不怪，彷彿一句「兩人之間存有無法彌補的歧異」，就可以順理成章擺脫對方；更神奇的是，他們往往很快就可以再找到下一個伴侶，結個幾次婚又離個幾次婚，只要我喜歡有什麼不可以！我記得不久前翻開報紙，偌大的頭條標題是某台灣企業大家族的「前」駙馬爺已經累積多達五位，看來離婚是多數人面對婚姻問題最快速的選擇，可是離開了真的就能解決問題嗎？

不能換老公，那就「換眼睛」

回到我這對夫妻朋友，既然長輩說了不要把離婚當作選項，短期內看似無法立刻簽字分手，於是做太太的決定再努力看看，嘗試能為對方多做些什麼，或者讓自己改變點什麼。她想起以前兩人剛結婚的時候，她總是會在日常生活裡製造許多驚喜，每逢生日或過節還會到處尋找有趣的地方、好玩的活動，先生四十歲生日的時候，她甚至準備了四十樣不同的小玩意兒當作禮物，只為了讓對方開心。可是她發現隨著時間久了，人懶了、也膩了，兩人的熱情溫度計持續往寒冬下滑，婚姻生活就像左手摸著右手一樣，再也沒有感動與感覺。更糟糕的是，她寧願花心思跟朋友一起出遊，上網查有什麼新餐廳、要怎麼訂位、要約哪些人去，卻根本沒想過要與先生一起分享，有時候連講話都嫌多餘。突然間，她心裡閃過一個念頭，她告訴自己：我每天都要為這段婚姻努力一點點，一點點就好！

她想了很多改變兩人關係的方法，點子很多，可是心底大部分都不願意去做：像是新婚的時候，每天早上她都會起床為先生準備早餐，然後在先生出門前給他一個大大的擁抱，讓他一整天都充滿著妻子的愛在外面征戰。最後她下定決心對自己說，早餐就不做了，至於出門前的擁抱——我來勉強試試看吧！接下來，只要是沒有出差的日子，她就會設好鬧鐘奮力起床，努力掩飾心中的心不甘情不願，鼓起勇氣在先生出門的那一剎那說：「老公，來一個擁抱吧！」剛開始的時候，做先生的是白眼一翻、雙手一垂，一副壯烈成仁的模樣，但她還是努力伸出雙手環抱，臉貼著先生結實的胸膛，至少聽三秒的心跳。一天、兩天過去，一個月、兩個月過去，先生的雙手從一動也不動進展到伸出一隻手搭在她的腰上，她相信持續這麼做，或許真的能有一點點不同。她也告訴自己，既然不能換老公，那我就「換眼睛」好了。

換什麼樣的眼睛呢？她鼓勵自己每天找「一個」老公的優點加以稱讚，或是自我欣賞。這位年輕太太告訴我，有一次在廚房倒水的時候，偷瞄到先生正背對著她找報紙，看著自己老公的背影，她心裡忍不住OS說：「我老公的屁股其實還挺性感、挺可愛的嘛！」（這時候輪我翻白眼，心想這種分享真的需要跟我說嗎？哎呦，真尷尬！）一邊倒水、一邊自言自語的她，自己也覺得好笑了起來，心想：眼前是我曾經愛了十幾年的男人，是孩子最尊敬的爸爸，要重新愛他，應該比在茫茫人海中再找一個新對象，從頭介紹自己一生容易吧！

當然，有更多時候她覺得一肚子火，因為不管她再怎麼努力，老公似乎就是一張撲克臉，所以她時常晚上一邊洗澡，一邊隔著浴室玻璃抱怨大罵：埋怨老公用忙碌當藉口對她冷淡、不願意互動、吝於付出感情、對朋友比對她還用心……。可是就在某一天正罵得爽快的時候，上帝突然給了她一個信念：「妳每天都跟我禱告，求我原諒妳的自私、原諒妳脾氣不好，我每一天都按照妳的要求原諒妳，妳雖然不完美，但我還是一樣愛妳，難道妳就不能用我愛妳的方式，去愛妳先生嗎？」

明明只有她一個人在洗澡，只聽見水龍頭嘩啦啦的聲音，但這樣的意念怎麼如此強烈？確定浴室裡沒有別人，她終於明白這是神在對她說話，她心頭一顫，剎那間眼淚就這樣傾瀉而下，彷彿一記當頭棒喝：天啊，最自私的人應該是我自己！永遠只管自己的情緒，把自己的所有事放到最大，忽略體貼別人的心情。就在這個時候，上帝又賜了一句：「愛不完全的人，就像我愛妳一樣。」

她已經不記得那天到底洗了多久的澡，只知道那天是她哭到徹底，完全卸下心防、鬆開肩膀，真心願意脫下驕傲、放下假面武器的關鍵時刻！她重新思考，真的都是對方的錯嗎？還是她自己也越來越冷漠、越來越不願意付出？這段婚姻最大的障礙，或許是連她自己都不願意或不相信能夠改善彼此的關係。她當下決定，每一次愛的能量快要消失時，就立刻正面鼓勵自己：「愛不完全的人，就像神愛我一樣。」不管老公有多冷淡，她還是鼓勵自己用熱血去融化冰塊。

從離婚證書到重新交換結婚誓言

時間過得很快，上一本書送去她家已經兩年多了，最近這位太太約我單獨吃飯，在台北少有的花園餐廳裡，陽光透過玻璃灑在我倆的桌上，她語重心長地告訴我：「經歷這麼多年的婚姻，我總算明白不要想用冷戰或是火辣的開罵去改變一個人，也不要奢望用碎碎唸的方法讓任何人有不同的心意，你只能改變自己的眼光，然後用無限的愛去包容，重點還要不求回饋耐心等待。」

這樣的努力和等待沒有很快看到回饋，但是值得。太太每天握著拳頭、咬著牙高唱〈愛的真諦〉，歌詞第一句就是：愛是「恆久忍耐」又有恩慈……隨著日子一天天的前進，她發現她的黑暗就要過去了，因為先生對她的反應跟「冰原期」已經大不相同，雖然不如剛結婚時的熱情，可是她知道因為沒有把離婚當選項、沒有告訴自己不可能，也願意換眼睛看待、付出不求回報，兩人的關係總算漸漸回溫。

一個感恩節前夕，我收到太太傳來一則簡訊：「雅淇，謝謝妳陪我走過婚姻幽谷，誠摯邀請妳來參加我們的結婚紀念日。」

我簡直不敢相信當初差點要幫他們做離婚見證人的我，有機會去參加他們的結婚紀念日。當天到場的人不多，都是雙方的至親好友，一陣杯觥交錯之後，做太太的拿出折在口袋裡的一張紙，深吸一口氣，發抖感性地說：「今天，我要跟我老公重新交換結婚誓言……謝謝你，老公，這麼多年來如此地包容我，」她才唸了開頭，全場已經在搶衛生紙、擦眼淚、擤鼻涕，說完之後，換老公拿出手機，點開預先寫好的誓言，他先推了一下眼鏡，然後咬了咬嘴脣，結結巴巴地說：「親愛的老婆……其實我真的愛妳。」就這樣一句話，先生再也壓抑不住情緒，摘下眼鏡拿西裝的袖子拭去眼角的眼淚。我通常很會掩飾情感，內心翻騰但面無表情也是我的拿手好戲，但歷經風浪而翻轉的真感情太讓人揪心，我顧不得臉上的眼線、睫毛膏有沒有防水，決定放縱自己抓起大把衛生紙狂哭一場，因為現代社會太難得有這樣的劇情！

因為上帝的愛介入，因為長輩智慧的疏導，因為年輕太太願意為愛努力，夫妻兩人歷經風浪之後，攜手決定未來不管怎麼忙碌，再也不要失去彼此該有的溫度。

你有多久，沒跟家人好好說話？

我相信話語是一股最強大的力量。話語的大能可以像天使一樣帶來祝福，也可以斬斷各式各樣的關係。我們每天嘴巴不停地動、不停地講，可是究竟講了些什麼？是榮神益人的言語，還是傷人的利箭？

我有兩個分別上國中跟高中的孩子，每天下午五點，我是一個最興奮的母親，因為經過一天的上班、上學，我總算可以回家看到他們，享受親子之間的互動。可是這個五點鐘的快樂媽媽，到了晚上十點就會搖身一變成為火冒三丈的母親，因為經過了五個小時的耐心試煉，傷透了腦、喊破了嘴：趕快去洗澡、趕快去吃飯、趕快做功課、趕快上床睡覺……然後不管怎麼講都沒有用的時候，我就開始抓狂生氣，而且我發現似乎不管怎麼努力改善，總是會陷入這樣的情緒輪迴。

有一天我心情低落，一邊寫日記、一邊感嘆媽媽難為，寫著寫著我突然領悟到兩個事實：第一，其實我很自私，我希望孩子可以照表操課，就像小baby一樣，先餵你一瓶奶、接下來換尿布、然後乖乖睡覺，這樣我才有時間滑滑手機、回個簡訊、看一下臉書，最好還能夠敷敷臉再睡個美容覺。第二，其實我很驕傲，因為我覺得我說的話都對、我的計畫一定最好，孩子就應該按照我希望的方式去做。如果孩子沒有按照我的方法去做，我就會冒出情緒、提高音量，火大他們為什麼不聽話？

日記寫到一半的時候，一個閨蜜傳了一則像是求救的訊息到LINE群組裡，她說週末要回娘家吃飯，請大家為她禱告，求神賜給她愛心與耐心，可以應付迎面而來的批評和論斷……好長的一篇禱告訊息，讓我不禁開始好奇：這是要開心地回家團聚吃飯？還是惶恐地上戰場接受挑戰？好姊妹是事業有成的企業負責人，面對商場風浪她從來眼睛也不眨一下，甚至帶領公司在景氣最差的時候還能逆勢成長，這樣有智慧、有魄力的人，為什麼面對最親近的家人反而感到退縮？我一邊看著自己的日記，一邊看著閨蜜的訊息，心裡有很大的感觸：為什麼我們跟最親近的人，通常卻有著最緊張的關係？

話語帶來祝福，也能斬斷關係

我首先檢討自己，最大的問題就是「嘴快」，經常隨口無意就抹煞別人的感受，這麼做的殺傷力就好像是「一刀兩刃」般，一面抹去別人的真心真意，另一面還補上自以為是的批評。好比說兒子下課回家開口撒嬌：「媽，我好累哦！」我曾不用大腦立刻回應：「我更累好不好？你不就坐在教室讀書而已？我今天跑這裡、跑那裡，四處奔波為你做這個、做那個……」兒子只說了一句，可能也只是想要我溫柔安慰：「啊！寶貝你辛苦了！」就這麼幾個字便已足夠，結果我不但沒有體貼他的心情，還忽略他的感受。而這樣子的戲碼常在不同的場景與關係中上演。

我想起之前到一位高中好友家吃飯，他們一家人我都很熟悉，那天她在餐桌上對家人吐苦水，說青春期的兒子常常跟她頂嘴，母子動不動就會起衝突，她內心難受，又不知道如何解決。我聽完非常感同身受，因為我家也有個青春期的女兒，所以我是點頭如搗蒜，深深體會那種「愛你又常被你拒絕」的痛苦。這時候她爸爸馬上回說：「我早就告訴過妳，兒子不能這樣寵，妳現在知道了吧？」一邊說，一邊夾著東坡肉，滿臉是「薑還是老的辣，我早已把妳看透」的模樣。話才剛說完，坐在她旁邊的姊姊很有默契的，也帶著笑臉補上一槍：「妳看，他就跟妳小時候一個樣！這就叫做，不是不報，只是時機未到。」家人們好像不以為意，還呵呵大笑地當作是話家常，我聽了這些對話卻是冷汗直流，心想：鼓起勇氣把難過傷心攤在桌上向人求救，結果卻是被抹煞感受、指責、甚至當作笑話，換作是我，這輩子大概再也不想掏心掏肺跟你們說心底話了。我苦笑著望向同學，眨眨眼睛，讓她知道我瞭解她的感受。

我相信話語是一股強大的力量，可以像天使一樣帶來祝福，也可以斬斷人際之間的關係。我們每天嘴巴不停地動，可是究竟講了些什麼？是榮神益人的言語，還是傷人的利箭？

我有一個很貼切的親身經驗。年輕時有人追求，當時有個對象以為可以一起走下去，但後來因為出國讀書、工作，這段遠距無疾而終。由於我曾託付對方一筆錢，心想應該要拿回來，但溝通之後對方並沒有還錢的意思，甚至在電話裡親口告訴我說那是交往基金，我聽了非常傻眼憤怒，不相信有人會這樣表達。我把這件事告訴媽媽，她聽了之後，沒有用八點檔連續劇的表情和聲音對我說：「我早就告訴過妳這種男人不能交往吧！妳看看他獐頭鼠目的樣子……」她一句負面的話都沒有，也一點都沒有想要對我下指導棋的意思，只是緩緩地說：「女兒呀，我覺得好險耶，想想就當妳花錢看清了一個人，雖然心疼，但還好不是用一輩子的時間去發現他的為人，所以雖然有犧牲，但也沒有很大啦。」突然間，那二十萬縮小變成兩千塊的感覺，心念一轉，是啊，錢我再努力賺就好，青春跟一輩子的幸福可是一去不復返。媽媽智慧的言語就像神的愛、神的光一樣充滿我，讓我對同樣的事件有完全不同的感受。

靜默不語，也是智慧

同理心，絕不抹煞別人感受，可以拉近彼此的距離。你相不相信有時候「靜默不語」也是一種智慧呢？在我接連失去母親、父親和先生的那半年間，完成所有喪事之後，一位住在上海的高中同學打電話給我：「雅淇，我訂好了機票回台灣陪妳。」當天這位近三十年的好友就真的出現在我家。第三天早餐時，另一位一起長大的好友傳簡訊問她：妳們在幹嘛？同學回覆：我們在看報紙、吃早餐。對方再問：妳們這幾天都聊些什麼？她簡訊敲了幾個字回說：三天都沒有說話，可是非常平靜美好。

你是否也曾有這種感覺？不是很熟悉的朋友才要交際應酬、沒話拚命找話說，可是真正深厚的友誼與感情，有的時候甚至不需要言語溝通。那三天沒有說話的日子，我們的友誼好像超越到另一種境界，我感受到真摯的陪伴與接受。誰說安慰一定要用話語呢？

我曾玩過一個話語遊戲，題目是：「好友跑來訴苦說這次考試只準備了一週，所以考得很差、非常懊惱，心想若能早點準備該有多好。」故事說到這裡，每個人各自往下接，想想如果是你，你要跟對方說什麼？

A開始分析：這次時間不夠，那麼下次考試應該提前兩週開始規劃、時間該怎麼怎麼分配。B說：我會請他把考卷拿出來，一題一題找出錯誤，再擬定下一次的作戰方針……大家七嘴八舌，全是理性規劃、策略分析，最後輪到牧師發言，他帶著溫暖的笑容，淡淡地說：「如果是我，會先靜下心來看著對方說：『我想你現在心裡一定很不舒服……』」我們每個人都好像被打了一記耳光似的，竟然沒有人想到應該先關心前來求救的朋友心裡在想什麼？有何感受？有沒有什麼我們能夠安慰、體貼他的，全都沒有，我們就完全只顧自己的想法，功利式的想著下次如何拚高分。

想想看，你常說的是推開彼此的距離、傷害關係的話語？動不動就自以為是的下指導棋？還是努力體貼對方的感受，真的用心經營，相處的日子裡都「好好說話、把話說好」？很多人覺得跟家人相處還要包裝言語，這樣不是太累了嗎？聖經箴言說：「溫良的舌是生命樹，乖謬的嘴使人心碎。」如果正面體貼的言語可以在剎那間改變心情、扭轉一個孩子的價值觀或者一輩子的道路，對家人，我們不就更應該好好說話嗎？

「愛之語」創造美麗的相處

面對像職場上司這樣的人生過客，我們都可以委屈求全、放下自己的脾氣，為什麼要對共同生活、相伴一輩子的另一半或家人有這麼多的臉色、這麼多的抱怨……少一點自己，多一點我們，也就多一點全家人。

我大聲地對著這對夫妻說：「你們不要在單身女子面前曬恩愛了！」全桌的人都不禁失笑。這一幕發生在小兒畢業旅行的餐桌上，因為是採自助式用餐，媽媽們自然而然聚在一桌，而先生們則自動往離老婆最遠的那一桌移動。現場每個媽媽拿了菜之後就自顧自地吃了起來，這時候坐在我旁邊的一位太太突然站起身，走向老公桌問說：「老公，你要啤酒嗎？」老公點頭說好，於是她就連續拿了六杯酒過去，遞給與她先生同桌的所有爸爸們。

我看到這樣的舉動，第一個反應是這位媽媽蠻會演的，在所有人面前展現出對老公的好，實在值得給她掌聲鼓勵。過了一會兒，有人端了一大盤蝦回來，我看到這位媽媽又走過去老公桌，我心想：妳該不會是要幫那一桌的男人，把蝦殼全給剝好了吧？果然，她真的端了一盤蝦過去，回來後直搖頭說：「哎喲，我不好意思在大家面前剝給他吃啦！」我忍不住問說：「難道妳平常都這麼做嗎？」她睜大眼睛，彷彿在說「當然啦」，然後朝我微笑點點頭。

第二天中午我們又同桌用餐，我暗忖不知道今天又要上演什麼戲碼，於是我開玩笑說：「昨天晚上我可是見識到你們夫妻的恩愛哦。」這時老公總算出聲了，他說：「我老婆就是這樣可愛，我出差三天，她會幫我整理好所有行李，第一天晚上洗澡的時候，我抓起內褲，裡面竟然掉出一張紙條寫著 I Love You；第二天洗澡的時候，打開內褲，又是一張 I Love You More；第三天洗澡的時候，我想沒有花樣了吧！結果打開內褲看到 I Love You Forever。」當下全桌家長都笑歪了，怎麼有這麼可愛的夫妻！而且他們這麼做可不是一次、兩次，也不是一年、兩年而已。這位太太自己也莞爾地說：「我們剛認識的時候，大家都覺得，好吧，看你們能夠恩愛到什麼時候，結了婚以後你們就知道。」但結了婚以後他們更加恩愛，於是大家就說：「結婚三年以後，你們就知道了！」結果到現在結婚都十四年了，他們依舊恩愛，大家只能搖頭嘆息說：「好吧，你們這對沒救了！」用生活情趣締造源源不絕的恩愛氣息，是他們夫妻之間永遠澆不滅的那一把火。

少一點「自己」，多一點「我們」

這個充滿愛的媽媽告訴我，常有其他太太問她：「你們夫妻怎麼有辦法總是這樣笑臉相對、總是這麼開心？」她會回答說：「請問妳在辦公室裡敢對老闆使臉色嗎？老闆叫妳往東妳敢往西嗎？每個月要交月報、每季要交季報、每年要交年報，業績不都是要成長才能過關嗎？如果妳可以這樣對待一個只是妳人生過客的老闆，為什麼不能同樣用心面對要牽手一輩子的老公？妳可以扮演很多角色，決定要做一個強悍的潑婦，或是一個貼心的女人。」

聽到這番話，我滿心感觸。對呀，面對像職場上司這樣的人生過客，我們都可以委屈求全、放下自己的脾氣，為什麼要對共同生活、相伴一輩子的另一半或家人有這麼多的臉色、這麼多的抱怨呢？這對恩愛夫妻之間不是沒有衝突、沒有摩擦，可是做太太的決定做一件事情，就是「捨己」，把自己放下，**less me, more we**，少一點自己，多一點我們，多一點我們夫妻，也就多一點全家人，包括與孩子的感情。

不久前一位帶我信主的姊姊Linda嫁女兒，這場婚宴讓我充滿了感動，是一場由詩歌、牧師的祝福與愛所圍繞的婚禮。婚禮結束之後，我傳簡訊跟她說：「我覺得好感動，你們兒女的婚禮真是美好，給你們滿滿的祝福。」Linda回了一段話：「年輕的時候，我跟于長老不懂得怎麼經營婚姻，每天為了服侍別人、照顧工作忙忙碌碌，常常碰到一些不值得爭吵的事情，卻因著個人的情緒就這麼吵了起來。現在我女兒跟女婿結婚之後奉行一件事，叫做『精心時刻』，他們每個禮拜一定會找個時間好好約會。什麼叫好好約會呢？就是不談公事，也不談家事，就談談兩個人的事、談談兩個人的心情，回到當初戀愛時的情境，好好經營夫妻之間的感情。」

這兩對夫妻的相處模式讓我有了全新的體悟，想想自己曾經因為跟另一半共事，哪有什麼「精心時刻」，每天都在公事的漩渦裡攪和，沒有「戰爭時刻」都已經謝天謝地了！而現在，我深深感受到，不管年紀多大，也不管單身或已婚，每個人都需要被愛與被尊重的感覺。我也從這些美麗的相處中，看到了「愛之語」的可貴。

給對方完整的注意力，彼此傾訴

什麼是愛之語？有人說這是「溝通的雙贏密語」，搞懂愛之語就可以知道自己希望怎樣被愛，更可以知道如何愛對方，不論是伴侶或家人。

基本上，愛之語有六種。第一個是「肯定的語言」。曾經聽牧師說，你知道男人如果斷氣了，最後一個還在動的部位是什麼嗎？答案是面子，男人就是愛面子，所以相對來說更需要另一半以肯定的語言讚美，一件小小的事情、一個好的表現、一個貼心的舉動，做太太的請不要猶豫，立刻稱讚下去。坦白說，肯定對方的同時，也會讓自己的日子好過許多。

而做太太的通常最在乎什麼呢？根據統計，是愛之語的第二種：「精心時刻」。我們都喜歡別人的專心對待。我記得我的第一位老闆、商業周刊的創辦人金惟純先生說過，他每天下班後若沒有應酬就乖乖回家，可是他回到家就坐在那裡看自己的書、讀自己的報紙、寫自己的文章，於是他老婆埋怨說：「你的心都不在這裡。」剛開始他會反駁：「我人都在這裡了，妳怎麼還有話說？」老婆冷冷回道：「你只有屁股坐在那兒，心完全不在。」也就是說，相處的質比量更重要，重點在於兩人齊心行動，給對方完整的注意力，彼此傾聽、傾訴，這比任何陪伴都可貴。

第三種愛之語是「愛的服務」。你能不能貼心地為對方做些什麼？體貼地為他做一些他在意的事，不論是做頓飯、準備衣物、陪他看場電影，甚或是隨手倒個垃圾、簡單的按按摩，還是安排一趟週末的小旅行。第四種愛之語是「愛的禮物」，不一定是珍貴或昂貴的禮物，而是心意的展現，讓對方知道你想到他，像是我公公婆婆，他們不管去天涯海角旅行回來，一定會為每個家人帶點小東西，收到禮物的那一刻，真的讓人感覺到滿滿的情意——雖然我不在你身邊，但我心中還是時時想到你。第五種愛之語是「身體的接觸」，也許是充滿愛的擁抱、溫馨的牽手，實際的行動遠勝過話語的力量。第六種愛之語則是「用愛為他祝福」，彼此禱告是最好的方式，餐前禱告或是睡前攜手禱告，真的可以消除一整天的壓力與疲勞，不但可以保存彼此愛的濃度，對孩子也能以愛的存款來累積祝福。

班遊午餐接近尾聲，這對夫妻如何維持恩愛的分享內容，也逐漸超越限制級邊緣，我發現性學博士金賽夫人的書，可能都還不如他們十四年實戰經驗來得露骨，所以我猜這對夫妻的「愛之語」可能接近第五種，哈哈！眾人笑得東倒西歪之際，這位媽媽的手機響起，我看到她將老公的名稱設定為「我愛人」，來電答鈴是〈結婚進行曲〉，當場覺得「真的夠了啦⋯⋯」。我赫然發現，這對夫妻完全是實行《婚姻解密》這本書的關鍵來維繫彼此關係：「婚姻絕對不可能用戀愛來支撐它的長長久久，因為戀愛一定會隨著時間逐漸失去火熱；相反地，你要以婚姻不斷地去創造出戀愛的感覺，這樣的愛才會夠深、夠久、夠永恆。」

六種愛之語，你是哪一種？你知不知道你最在乎的那個人，又是哪一種？

饒恕的五顆解藥

恨誰，就會像誰！因為腦袋裡天天想著那個人，越想越氣，更糟糕的是越想對方，自己的長相、行為還越像對方……饒恕不是便宜了誰，而是為了自己，為了自己接受神的恩典，為了自己接受神醫治的愛。

一次家族旅行巧遇以前媒體圈的朋友，出國旅遊心情總是特別放鬆，所以一路上我們有說有笑非常開心，沒想到聊了大約半個小時之後，對方居然跟我說：「雅淇，當初的官司我真的沒有任何惡意！希望妳諒解。」

「官司？什麼官司？」我百思不解地問。

對方睜大眼睛看著我說：「就是妳告我的那個案子啊！」

我莫名其妙也一頭霧水，腦袋裡快速翻閱著「陳年往事」檔案夾，卻實在想不起來是什麼事件。我很不好意思地問她：「究竟是哪一件事？」

她一臉不可思議，伸出手摟著我的手臂說：「妳不記得我們還同時出庭嗎？妳為了捍衛自己的名譽站出來提告，還在法庭上數落了我一頓，而我真的是編輯台給我什麼稿子我就播什麼，沒有任何要傷害妳的意思，讓妳感到不開心我一直覺得很抱歉。」

她細數了很多過往的細節，我才一點一滴抓回記憶，最後恍然大悟地說：「對耶，真的有這件事情！」

你說我是笨得徹底？還是糊塗到家呢？嗯，我覺得兩者都有，但我相信最大的關鍵，是我「已經原諒而且放下」。當時錯誤的訊息在電視上播得沸沸揚揚，我的名字「蔣雅淇」大大的出現在字幕上，媒體報導的方式好像他們就躲在我家一樣，活靈活現做著現場轉播，重視名譽的我對於不實的消息感到極度憤怒、火大，甚至覺得丟臉，更何況商業事件的主角根本不是我，我已經離開媒體圈成為家庭主婦，消聲匿跡好多年了，無辜被牽扯又只能坐在家裡任憑不實報導滿天飛，記者每吐一個字，就好像利刃在我心頭劃一刀般傷害著我。所以事後我採取行動捍衛自己的名譽，儘管這種官司勢必無法立刻解決，中間還拖了一段時間，但我很真實地面對自己的憤怒，並且積極地每天以禱告處理心情，求神醫治我受傷的心、陪伴我覺得孤獨的靈魂，因此洗刷冤屈獲得澄清之後，我決定不再陷入負面情緒打轉，把人生方向盤開回正道，繼續邁開大步往下一個階段走。這種把不愉快的記憶徹底刪除，不占腦容量任何空間的能力，就是「饒恕」。

用寬恕徹底醫治受傷的心

對於極度不愉快的經驗，或是內心受傷的記憶，有人選擇埋在心裡，不願意再想起；有人懷恨在心，經年累月形成「怨懟」——這兩種處理方式都只是暫時把情緒放下，逃避面對，並沒有真的解決問題，長期下來甚至造成疾病。面對這些情緒垃圾，尤其是無法原諒人的心情，在我的信仰中是有方法可以解決的，我稱之為「饒恕的五顆解藥」，我服用過好幾次，效果非常良好！

饒恕的第一顆解藥是「認罪」：自己要先認那個「一直想要控告對方」、「其實沒有真正想要饒恕別人」的罪。仇敵會希望我們一直活在仇恨和怒氣裡，但是神的性情其實是饒恕跟愛！我們要先找出自己憤怒的原因，就好像醫師把脈一樣，接下來才能對症下藥，才能面對內心真正的怒氣！

第二顆解藥是「接受神的醫治」：仔仔細細把所受的傷痛，一樣一樣傾訴給神聽，就好像清理抽屜裡的垃圾一樣，一層一層翻開，一樣一樣把不要的東西丟個乾淨，把情緒垃圾交給神，求神來醫治我受傷的心。

到此為止，寬恕的過程還不算困難，因為抱怨、吐苦水誰不會？第三顆藥比較苦，有時候還難以下嚥，那就是要「下定決心原諒、下定決心饒恕」，我必須承認好幾次我是牙癢癢地硬著頭皮說：「神啊，我現在決定饒恕ＸＸＸ對我所做的……」那種不甘不願的心情，會阻礙饒恕的進行。如果實在吞不下這口氣，我建議重回第一、二個步驟。

最後還有兩顆解藥，對於扭轉受傷的感覺非常有幫助，一個是「感謝神」，最後一顆是「祝福」。感謝神，代表我沒有把自己當上帝，沒有要自己做審判官，沒有要自己來幫對方寫生死簿。感謝神，代表願意交託，相信上帝會掌管一切。有些人在感謝的時候，終於發現這些衝突並不都是對方一個人的錯，自己也要負起很大的責任，一旦領悟到這個事實，我們就會看出自己性格、價值觀的問題，明白了自己的問題，就能避免日後相處時不斷重複出現同樣的結局，也會知道降到冰點的關係該如何突破。沒有真實認識自己的人，不管結幾次婚、換多少工作……都會面臨同樣的難題，我相信只要你抬起頭來看看，到處都是這樣的例子，這種人有個別號，叫做「千錯萬錯都是別人的錯，我一丁點也沒錯」。

第五顆藥「祝福」最甜最好吃，因為當我們願意真心祝福對方時，自己就能夠開始脫離怨懟，神的愛與恩典就能充滿在我們的生命中，所以牧師常說「感謝」與「祝福」好比靈命的「解毒劑」，是傷口的雙氧水、是跌打損傷的狗皮膏藥，藥效最好，最能夠讓神的愛徹底醫治我們受傷的心。

不饒恕，就是把自己關監獄

老實說，過去我聽到這些做法時，會覺得實在太誇張了，決定原諒做錯事的對方已經是我生命的極限，居然還想叫我祝福對方，哪有可能？其實我做過饒恕禱告很多次，非常明白「饒恕」實在不是一件容易的事：曾經有人對我做了過分的事，我心中的傷痛久久不能放下，學習到「饒恕五步驟」後，我花了很多時間跟神傾吐我所受到的委屈，以及心裡的那些受傷難過。但是到了要我說原諒的階段，嘴巴實在開不了口，好幾次都卡在這一關，就好像電玩晉級一樣，每次都卡在同一個地方，完全無法把五個步驟全部做完，直到一次非常奇特的經驗——我在進行第三個步驟的時候，坐在地上禱告，不知不覺間進入了夢鄉。

在夢裡，真實看到那個我一直無法饒恕的人，正為他所做的錯事在接受審判，我好像被帶到地底，那個無底深淵的壓迫感徹底震撼了我，這個夢發生在韓國電影《與神同行》之前，但那景象彷彿就如電影中的場景一般，每個細節歷歷在目，讓人怎樣也忘不了。我其實沒有想要報復或讓對方受懲罰，但是夢裡見到神正逐一審判，受審的人滿臉懊悔，那一刻我不但立刻決定原諒對方，還急著要把滿滿的祝福給他，希望讓神知道我已放下，不再計較。這是我真真實實的經歷，一場我永遠不會忘記的夢境。

「不饒恕，就是把自己關在監獄裡」，為不可能的人、不可能的事禱告與饒恕，並且祝福，烏雲和黑暗勢力就會潰散，光明會降下與我們同在。我經常練習這樣的禱告，透過一次又一次的洗滌沖淡怒氣，就好像每天晚上打掃廚房、清廚餘一樣，一天也不能讓負面情緒堆積在心底。我以前常聽牧師說：「恨誰，就會像誰！因為腦袋裡天天想著那個人，越想越氣，更糟糕的是越想對方，自己的長相、行為還越像對方。」我相信你一定也聽過無數因為不饒恕、苦毒……最後生病、憂鬱的實際案例，所以饒恕不是便宜了誰，而是為了自己，為了自己接受神的恩典，為了自己接受神醫治的愛。

儘管意外的在旅途當中提起不愉快的往事，但是接下來的行程，我的心情沒有受到半點影響，神教導我們要學習饒恕、面對負面情緒，不過饒恕之後並沒有規定我們要繼續跟對方做手帕交，所以我輕鬆沒有壓力。倒是整趟行程中因為對方的孩子還小，我特別交代我們家的哥哥姊姊要好好照顧對方，後來他們還因此成為旅程中互相扶持、互動最多的好朋友。

「饒恕，其實就是一個決定！」你有不能饒恕的人嗎？試試看這五顆解藥，它絕對是家庭必備，長期服用，常保安康喔！

雞婆的說：我在這裡陪你

當朋友有需要，而你不知道該怎麼幫他的時候，或許可以立刻為他禱告，或許可以把曾經安慰過你的話拿來安慰他，也或許你可以更積極的拿起外套、穿上鞋子奔到他的面前……

臉書是現代人分享喜怒哀樂的地方，不少人把臉書當作日記，寫下看到的事物或是經歷的快樂苦痛。在這些心情紀錄底下，會有各式各樣的留言，我必須承認，我最害怕看到的，就是每當有不幸或意外發生時，留言者隨手寫著：「放心，一定會好的」或「一定會度過難關的」……

我記得關先生過世後三年，當時讀小三的兒子問我：「媽媽，為什麼那個時候大家都說爸爸一定會好？」我平常雖然反應快，聽到這個問題還是停頓了好幾秒，楞在那邊不知道該怎麼回答，想了很久，我跟他說：「我想那是大家都很希望爸爸要趕快好起來，所以才這樣說吧！」

安靜，也是一種力量

回想當時，有三個畫面至今清楚印在我腦海裡。

第一個畫面是在醫院的太平間。當時父親被宣告肝癌末期，先生剛動完大手術，而媽媽在家裡吃完早餐、梳洗更衣之後睡回籠覺，卻在床上離開人世。由於我在醫院照顧先生和爸爸，已經有一個多月的時間沒有回天母娘家看媽媽，接到母親走了的電話，真的就像卡通影片裡面主角被雷打到的反應！我不知所措，我震驚，我害怕，我難過痛苦到極點，匆忙趕到了太平間，蹲在冰櫃旁邊，無力地發了一封簡訊告訴教會小組的弟兄姊妹們。我記得沒過多久，這些弟兄姊妹，不管是董事長、執行長或什麼頭銜，全都從各地趕到醫院地下室角落裡的太平間來抱著我哭，握著我的手靜靜陪伴我。這是我永遠不會忘記的第一個畫面。

第二個畫面，是我辦完母親、父親、關先生的三場喪事之後，無助地躲在家裡。二十多年的好友從上海專程飛回來陪我，我們兩個就待在家裡，整整三天一句話也沒有說。但這個「安靜陪伴」帶給我極大的力量，當時我什麼話都不想說，但是透過陪伴，我知道我不孤單。

第三個永難忘懷的畫面，是幾位關心我的姊妹們，總是在我心情低落的時候，出現在我眼前鼓勵我，帶我出去散步、遛狗或者跑跑步，甚至一起吃吃東西。還有姊妹會帶著我一起禱告。

這三個永難忘懷的鏡頭讓我學會了一件事情，就是如果發現身邊朋友遭遇苦難或有需要的時候，千萬不要只是便宜行事傳個簡訊說，「放心，一切都會好的，有事打給我……」換個方式，想想看我是不是能夠採取更積極的行動，親自去陪伴他們呢？

感受到被愛，結局會不一樣

接下來的三個鏡頭，分別發生在三家不同的醫院。

五年前的聖誕夜，我收到了公司同事的訊息，一位我非常倚賴的幹部騎摩托車時發生車禍，雖然戴了安全帽但頭部還是受到極大創傷，送入加護病房好幾天都沒有脫離險境。我收到訊息後又著急又難過，馬上打電話給牧養我的蘇哲明牧師。我們兩個約好在醫院門口碰面，直接衝到了加護病房。家屬看到執行長蔣小姐來了，無助地握著我的手哭泣。我向同事母親說，讓我和牧師進去為她禱告加油好嗎？母親哭紅了雙眼點點頭，把身上的防護衣脫下來，讓我和牧師換上進入病房。

看著躺在病床上、因為車禍傷痕累累的她，實在無法跟公司裡那個青春洋溢又活力十足的女孩聯想在一起，醫生為了降低患者腦壓還動了手術。我跟牧師緊緊握住她的手為她做醫治禱告，不管她有沒有聽到，我只知道不論誰遭受意外或苦難，一定都會像當初那個無助的我一樣，希望有個信賴的人可以陪伴倚靠。

場景換到第二家醫院。一位小組姊妹的孩子調皮撞傷了眼角血流不止，他們夫妻在送兒子前往醫院的途中就傳了簡訊給我，媽媽擔心帥兒破相，爸爸憂愁傷到視力，兩人都焦急得不得了。我看到簡訊後二話不說，把正在進行的會議停下來，立刻衝到醫院。由於他們太緊張了，沒有說清楚是在醫院哪個診間做檢查，我先依照常理判斷，走到對的樓層區域，最後是循著小孩哭聲才找到他們的診間，永遠記得診療室大門打開，我們彼此找到對方的那一刻，著急擔憂似乎都暫時放下，整個心安了下來。

經診斷後，不幸中的大幸，孩子只差一點就撞上眼睛，雖然要縫上幾針，但未來是可以癒合醫治的傷痕，大家一聽馬上不約而同喊著：感謝主！做爸媽的確認沒有大礙後，轉頭就對孩子說：「不要哭了呦，雅淇阿姨來了。」我心裡一震，心想孩子傷心難過時不是美豔護士來了，而是很有威嚴、管小孩很嚴格的阿姨出現了，這對孩子來說究竟是安慰還是恐嚇啊？我看起來真的有這麼兇嗎？（哈哈！）儘管花了不少時間治療，媽媽因為兒子縫線心疼，哭得跟孩子差不多大聲，但我們三個大人陪著孩子在急診室裡彼此安慰禱告，總算慢慢平復情緒，沒有人責怪是小孩不乖，還是大人沒有看好……我們用感謝代替抱怨，用感恩取代埋怨，度過了兵荒馬亂的一夜。

我也曾經在夜裡卸完妝、換好睡衣躺在床上昏昏欲睡，突然接到了一封急難簡訊。小組姊妹跟先生在國外出差，正打算啟程回台灣的時候，接獲家人通知說先生的弟弟在浴室裡滑倒被送進了台安醫院急診室。我根本不認識這位受傷的患者，但我心想如果是我在國外，家人遇到了困難而我不在身邊，若能有信得過的朋友為我跑一趟，那該是多大的安慰與幫助。

於是我也不管沒有上妝、睡衣邋遢，抓了外套就往醫院裡面跑。同時我打電話給牧師，先告知他有這樣的情況，請他隨時開著手機，萬一情況需要，我還可以請教牧師該怎麼提供安慰與幫助。

到達急診室的時候，其實傷者早已失去了心跳，但是年邁的老爸爸老媽媽不願意放棄，堅持要醫生持續急救才三十多歲的兒子，同時間他們的家人正從南部趕來，可是在台北現場就只有白髮人跟我們這些外人。時間一分一秒過去，確定再也挽不回這條生命後，遺體被送進了太平間，我跟著下去繼續陪伴這對傷心的白髮父母。等到所有家人抵達後，大家吵成一團，互相責怪怎麼會讓這樣的事情發生？眼看著已經凌晨一、兩點了，眾人力勸老父母回家休息，但他們無論如何不肯離開，非要陪著兒子走到最後。

我是外人不能多說什麼，但是失去家人的心痛我能理解，就在他們吵得不可開交之際，我不知哪兒來的勇氣，握著傷心老夫妻的手，說出神賜給我的話語：「黃伯伯、黃媽媽，兒子知道你們要陪他的心，他一定都明白，只是明天開始還有好多事情你們可以為他做，所以，現在先回去休息，明天幫他準備他喜歡的衣服、喜歡吃的菜，換個心情再來繼續陪他一整天，好不好？」原本哭天喊地的場面突然安靜下來，太平間深夜的空氣更加冷冽，沒過多久，老父親拍拍老伴的肩膀說：「走了走了，我們回家了啦！」老母親想想我說的話也有道理，紅著眼握住我的手道謝後，兩個人牽著手，一步一步緩緩離開，似乎也代表著接受了這個不想面對的事實。

在加護病房急救了好一陣子的同事，最後完全康復出院，事後她跟我說：「蔣小姐，妳來加護病房為我禱告的時候，雖然我還昏迷不醒，但我真的感覺到妳就在我旁邊。」姊妹的兒子縫了幾針，小孩子恢復得快，痊癒之後還是一樣帥，不仔細看根本找不到當初的疤痕。至於在太平間的那晚，白髮雙親離開之後，我把牧師衝到醫院為他們家人和往生者做的禱告用手機錄音記錄下來，傳給他們一家人；半夜回到家之後，我趕緊把禱告錄音打成文字，寄給即將要上飛機的好友夫妻，我想飛機上噪音太大，聽錄音不如看文字，我深信這一段牧師的禱告，絕對可以暫時安慰傷心的靈。打完了所有文字，看看時間已經將近四點，靠在椅子上，真不敢相信以前只顧自己的我會做這些事。

在我失意時讓我永難忘懷的畫面，那些讓我永遠感恩在心的陪伴，讓我深深體會到與其寫寫文字告訴別人一定會好，不如親自走上前去，真心的陪伴。我常常在想那些自殺的人，如果在事發的當下有人陪在他身邊，就算沒有說話，只要能感受到被愛、被關懷，可能結局都會不一樣。所以，下一次當朋友有需要，而你不知道該怎麼幫他的時候，或許可以立刻為他禱告，或許可以把曾經安慰過你的話拿來安慰他，也或許你可以更積極的拿起外套、穿上鞋子奔到他的面前，抱著他、握住他的手說：「我在這裡陪你。」

吵架千萬不要贏！

你看人家不順眼，說不定其實是自己眼睛裡有刺，同樣一件事，我有我的角度、他有他的想法……愛是看到對方的好處，說出對方的優點！我期許更認識自己的軟弱，更體貼別人的不同，經常口出恩言，尋求和睦。

遠房親戚們有個固定群組，經常一起聊天或聚會。有一次其中兩位表姊妹在某個公開場合碰面，由於一些小誤會造成兩人不是很開心，彼此都覺得對方不夠體貼。其實起因並非大事，但因為不願意面對面說清楚，時間久了雙方心裡的不滿越積越深。一次聚會，吃著吃著兩個人又提起了這件事，越說音調越激昂，口才沒那麼伶俐的A表姊就只是描述她的心情、訴說她的感受，沒有再多說些什麼；B表妹的攻勢比較猛烈，把A身邊的老公、親人，甚至其他的朋友、陳年往事通通都扯了進來。

如果這是一場吵架比賽的話，B絕對贏得冠軍：論口條、論翻舊帳的記憶力、論從機關槍模式轉換到散彈槍攻擊，讓周圍朋友無一倖免的十足火力，戰鬥指數百分百。然而當話題越扯越遠，我的胃也越來越痛，我心想：這麼親的家人，何苦為了吵贏面子，卻輸了親情與友誼？尤其當占上風的一方攻勢越來越多元，武器越掏越多的時候，在座的每一個人其實越來越膽戰心驚，不斷在心裡默念：以後可千萬不要惹到她！這時候，拿出「用愛說真話」的勇氣，我插嘴了：「我們可不可以換個角度，用『我』這個字來溝通？」

化解衝突第一招：用「我」陳述

在氣頭上很容易口不擇言，把矛頭都指向對方：「你每次都怎樣怎樣、你以前都如何如何、你上次說了什麼什麼……」只要開始了這個「你」，保證吵架一定吵不完。我們可以練習換個角度，用「我」做主詞，表達自己真實的感受，比如說：「在外人面前這樣說，我覺得很沒有面子」、「被最親近的姊妹這樣形容，我有徹底被拒絕的感受」……總之就是單純述說自己的真實心情，不要扯到別人，避免戰線無限蔓延。

我記得有一次跟教會師母參加小組聚會，組長特地帶了一包毛豆跟大家分享，綠油油的毛豆擺進盤裡端上桌時，大家一看都哇了一聲，直呼毛豆好綠好美喔！這時候師母說話了，她說有些過綠的毛豆怕是漂過色或加了工。組長聽了馬上解釋：「不可能啦，這是一位企業老闆送的上等好貨，雅淇也收到一包，不是嗎？」我說：「對對對，我也有收到一包，顏色很漂亮看起來很讚。」這時候耿直的師母又說話了：「真正的食物，是不是不會有這麼綠的顏色啊？」組長依著對話，兩邊一來一往，眼看著氣氛快要陷入僵局，空氣中充滿一觸即發的火花。

組長好心分享，師母根據過去的經驗善意提醒，兩人都沒有對錯，這時候大家也都不敢插話，就怕擦槍走火。說時遲，那時快，溫柔又滿是智慧的師母停止糾結，對著組長說：「如果我剛剛那樣的表達方式讓你覺得不舒服，我現在立刻就跟你道歉喔！」

化解衝突第二招：立刻致意

哇！師母在所有人面前跟小組長道歉，現場畫面好像卡通影片裡時空凝結靜止一樣，眾人都不知道該怎麼回應！組長因為這即時的致意，態度馬上軟化下來，露出招牌笑臉，此時所有人大喘了一口氣，暫停的畫面瞬間恢復動態繼續進行。愛下標題的我，調皮的稱呼這段小插曲為「超綠毛豆事件」，而當晚師母便分享了因為每個人成長的背景不一樣，所以每個人的「地雷區」也不同，像我小時候超愛面子、超怕被別人拒絕，有時候人家不見得有這個意思，也不是針對誰，但我自己很愛對號入座，然後自顧自就生起氣來，現在想起來真的覺得很傻。很多事情真的沒有對錯，只是立場不一樣，所以如果踩了別人的地雷，最快速有效的解決方式，就是「立刻針對事件向對方致意道歉」。

當晚我們每一個人都試著更認識自己，找出自己的地雷區，同時也更認識彼此，瞭解對方，我第一次經驗到「道歉不會讓你少一塊肉」的震撼。倒是因為當天一邊小組、一邊狂吃又綠又鮮甜的毛豆，肚子也多了一圈肥肉！

聖經《箴言》裡有好多形容怒氣一觸即發的文字，像是：「愚妄人的惱怒立時顯露；通達人能忍辱藏羞」、「不輕易發怒的，大有聰明；性情暴躁的，大顯愚妄」……忍住衝突是一種退縮或羞辱嗎？真的不是，忍一下，人家看到的是你的大器，你的成熟，你的智慧。面對爭吵，你以為大獲全勝的時候，其實就是全盤皆輸的時刻。你以為你承受了羞辱？其實你在神的眼中，才是真正老實聰明的人。聖經裡說：「快快的聽，慢慢的說，慢慢的動怒，因為人的怒氣，不成就上帝的義。」沒有信主之前的我，都是慢慢的聽，偏要聽出別人話裡面的問題來；然後很快的說，不經大腦、不站在對方立場回應；之後經常沒理由的很快動怒。現在我努力學習看出別人的好，體貼別人的立場，接受每一個人的不一樣。

快快的聽，慢慢的說，慢慢的動怒

巧遇一位很久不見的姊妹，平常我總是先問候她孩子們的近況，但當晚不知為什麼，一看到她我就直接問：「跟老公都好嗎？」她聽了把我拉到角落，頭壓得低低的，小聲地說不久前，剛剛簽了離婚協議。

結婚不滿十年，外人眼裡看來是非常恩愛的一對，先生事業有成、孩子也很可愛，有什麼原因讓兩人無法一起走下去呢？我第一個反應是，他們之間有太多的爭執，而太太永遠是吵贏的那一位。

我拉張椅子，跟她並肩而坐開始談心。認識這麼多年，一直覺得我們兩人的個性很像，我以前就是這樣，因為工作的關係，我經常要練習「論斷」，論斷什麼呢？一位受訪者來上我的節目，我必須快速判斷他的收入、職位、業績、成就……才能在最短的時間內完成訪問，讓觀眾學習對方的成功之道。後來我才明白，在聖經裡「論斷」的英文Judge，同時也是「審判」的意思。誰有資格審判？神才有資格審判。我有什麼資格論斷、審判別人呢？《馬太福音》說：「你們不要論斷人，免得你們被論斷。」你看人家不順眼，說不定其實是自己眼睛裡有刺，同樣一件事，我有我的角度、他有他的想法，每次吵架都贏，可是贏來的卻是失敗的婚姻，好可惜啊。

她搖著頭說：「雅淇姊，我知道，我真的錯了。我吵架從來沒有讓老公贏過一次，我個性很好強，為了保護自己，很擅長讓別人抓狂，而且讓別人受不了之後，還會驕傲的自認為是對方屬靈的磨砂紙，是神派來磨對方的銳角，讓他靈命更加成長的那一個人。老公因為愛一直讓我、容忍我，我雖然吵贏了每一場架，可是最後，我究竟贏到了什麼？」

我聽到她發自心底的懺悔，似乎自己也明白問題出在哪裡，於是我拍拍她的肩膀，帶著盼望跟她說：「時間是很好的解藥，期許暫時的分開，是彼此冷靜下來，重新認識自己、檢討自己的契機，我深信先生還是非常愛妳的，再加上你們都這麼愛孩子，我會持續為你們的未來禱告，趁著這個機會，我們一起來好好重修『拒絕論斷』、還有『吵架千萬不要贏』這兩堂課吧！」

✝

因著神的愛動工，兩位表姊妹從火力全開，到放下非贏不可的血氣，轉為心平氣和陳述自己感受，最後擁抱和好。成熟的師母跟組長在餐桌上發現問題就馬上致意，小小的爭執火花立刻被熄滅。我深信愛是看到對方的好處，說出對方的優點！我期許更認識自己的軟弱，更體貼每個人的不同，經常口出恩言，尋求和睦，我也會持續為這對年輕夫妻禱告，求神動工，讓愛介入，畢竟我身邊有好幾對復合的案例，重修和好之後，感情比之前還要親密呢！

第 三 部

看見祝福

人世間的苦難不分年齡、性別、家庭環境、階級地位。同樣的，生命的活力不在於年紀、財富多寡與身分地位，能不能活出光彩在於你的那顆心，有沒有讓神豐豐富富地愛你、充滿你。

我過日子的方法很簡單，就是不管遇到什麼挫折，我不會選擇負面的自艾自憐，持續學習放手，放下自以為是的經驗，放棄凡事都想掌控的壞習慣，不把自己當上帝，把所有挑戰當作一種祝福。也不讓生命有遺憾的機會，時時對我最關心的人、最愛的人，道愛、道謝、道歉……

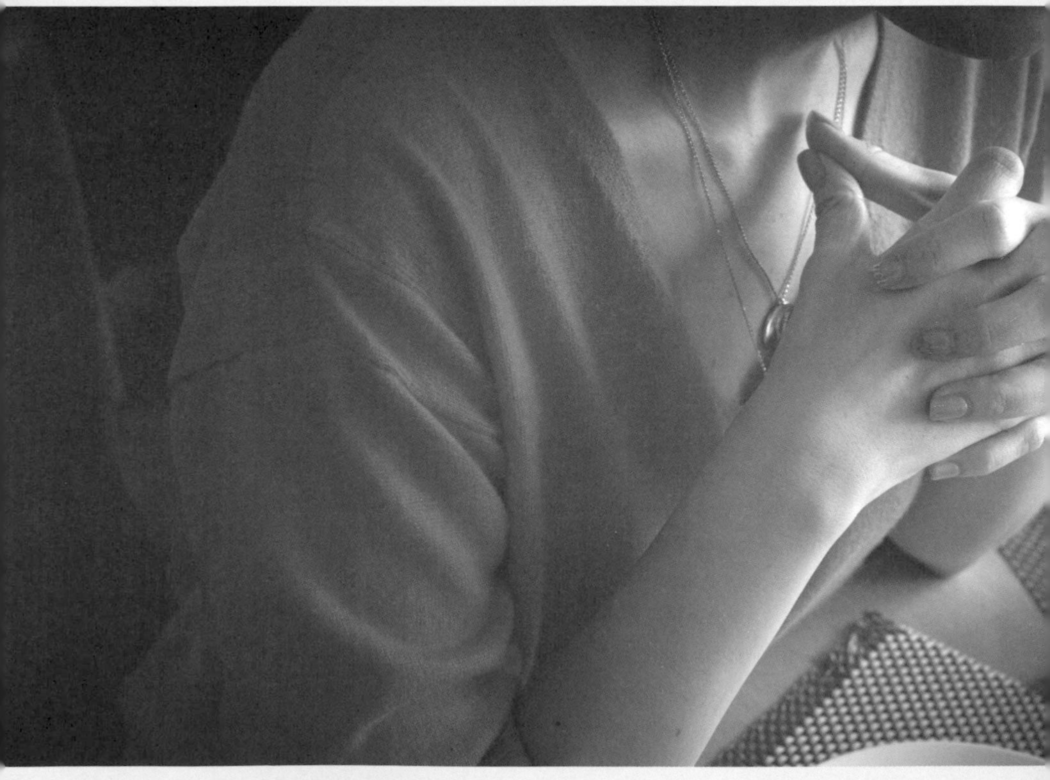

單親家庭之千軍萬馬

究竟苦難會臨到什麼樣子的家庭呢？答案如聖經所說，每一個人都會。不同的是，你選擇用什麼樣的態度去面對！

在準備去雲林教會做見證的前夕，我收到了一封從LINE裡傳來的禱告信，裡面提到請我們為幾個雲林偏鄉、重度貧困家庭面臨的難題迫切禱告，包括生病、意外、孩子教養等各式各樣的問題。當時我正在準備的見證題目就跟「苦難」有關，我不禁思考，究竟苦難比較會臨到什麼樣子的家庭？什麼地區？或者什麼樣的人身上？

過去幾年來，儘管歷經波折、失喪，我們家每個人還是緊緊倚靠神，努力活出神的榮耀。大兒子的事業穩定起飛；女兒課業、音樂、志工服務都有不錯的表現；老三弟弟是武術和電腦程式小高手；我新增了電影出品人的經驗，演講、書與見證都引起很大的迴響。別人看到這些常常會說：「哇！怎麼好事都發生在你們家？」每當有人投以羨慕的眼神時，我內心經常出現這樣的口白：「excuse me，好事都在我們家嗎？有沒有搞錯？我們是單親家庭耶，孩子的爸離開六年了，發生大事時我常常不知道跟誰商量……」然而，相較於自憐與埋怨，我總是正面回答，「謝謝你的鼓勵，我們雖然是單親家庭，可是我們背後有千軍萬馬。」

世上的苦難，誰也逃不了

每個人聽到這裡，都會好奇這個千軍萬馬從何而來？我會非常有信心的宣告：「因為我背後有萬軍之耶和華，靠著禱告，所做一切都有天使、天兵、天將在周圍保護幫助我們。」

聖經裡說：「在世上有苦難，但你們可以放心，我已經勝了世界。」苦難是不分年齡、性別、家庭環境、錢多錢少、階級地位。上帝都承認了世上的苦難，誰也逃不了，不同的是我們選擇用什麼樣子的眼光和心情去面對與看待。

見證時我分享了一頁三行，真實發生的故事：第一行是弟弟嚴重車禍，接下來是母親失智，最後一行是女兒重病。我請大家猜猜看，這樣悲慘的情節可能會發生在什麼樣的家庭？接著我直接公布答案：所有遭遇都發生在同一時期，主角則是坐在台北信義計畫區、百大金融企業董事長的位子上，高學歷又才華洋溢。這位董事長的弟弟發生了嚴重車禍，幾乎被判定為植物人，家庭收入、大陸事業因此停擺。母親失智，經常發生差點走失或情緒暴走的戲碼。最令人難以承受的是正就讀美國一流學府、美麗青春的大學生女兒，卻在莫名情況下被醫生判定重病，必須立刻休學治療。突如其來的意外讓家人措手不及，想不透究竟怎麼會這樣？

苦難不只如此，董事長那位充滿智慧又超級能幹、掌管國際企業全球市場的太太，也正面臨母親嚴重失智，以及父親久病後離開人世的打擊。所有危難幾乎都在同一時期發生，舉辦喪事的期間夫妻倆仍舊肩負海內外公司的營運，同時還要加碼處理岳父過世後手足間的各種難處。

這個時候，如果是你，你會怎麼做？覺得是上輩子欠債？這輩子冤親債主擾亂？還是趕快求籤、問卜、算命？

常常喜樂、不住禱告、凡事謝恩

儘管苦難不斷，他們夫妻從來沒有懷疑神對他們的愛，也從未心慌意亂。他們相信唯一能夠幫助他們的，就是萬軍之耶和華！也就是那派遣天使天兵、千軍萬馬來幫我的同一位。世上雖有苦難，連神都直講明說了，但我們兩家共同的武器跟解藥，就是倚靠神。因著倚靠神，所以用「常常喜樂、不住禱告、凡事謝恩」來對付一切的難處。

董事長太太的父親過世後不久，一天小組在我家聚會時，她推開門走了進來。我想公司業務這麼重、業績壓力這麼大，加上母親失智、父親離世，她應該身心俱疲，至少法令紋、黑眼圈絕對不會放過她！結果眼前的她不僅精神飽滿，甚至可以說神采奕奕，一頭特別吹整過的大捲髮，配上閃亮亮的眼影，我看到都楞住了。

她一坐下來，先大聲感謝主。她說這身裝扮是為了年終尾牙，畢竟公司不可能因為她個人的狀況而停止營運，但她感謝神讓她有一顆平靜的心去接受和面對。接下來她繼續感恩，為父親總算不用再忍受各式各樣的藥物、插管和儀器的治療，可以安詳去天家與神作伴而謝恩。最重要的是，他們全家人趁著父親還在世的時候，請牧師帶領他們做了「愛的四道」——道愛、道謝、道歉、道別。每個人都充分表達出心中對父親的感謝、感恩、甚至道歉，讓人生在最後一秒鐘都還有機會用愛來彌補，這樣的道別才能帶給雙方平安。父親喪事辦完後，牧師再次帶領他們全家數算父親這一輩子為家人和孩子所付出的點點滴滴，儘管不捨，儘管流淚痛哭，但那一刻不再是悲傷，而是覺得父親彷彿就在身邊，被遺忘的兒時記憶湧上心頭，長大後因工作忙碌而疏離的感情，似乎一點一滴被神的愛填滿。因著父親的離開，散居世界各地的家人再一次緊緊攏手，靠著「不住禱告、凡事謝恩」，他們全家人把傷痛交託給神。

董事長那位發生車禍意外的弟弟，事發前婚姻原本瀕臨破碎，但車禍後太太每天至醫院不眠不休照顧，看著躺在病床上毫無知覺的老公，她決定放下心中所有不滿，只盼望一切回到從前。兩個女兒二十四小時輪值，陪在父親身邊接力禱告，全家人一起為了父親的健康而努力，兩個月後傷者奇蹟似的甦醒，整個家因為一場外人眼中的苦難而翻轉。所以他們稱這場意外是「化妝的祝福」，不但挽救了婚姻、拉近了親子距離，孩子們更殷勤去教會服侍，太太也因此受洗，全家人與神更靠近了。

至於年輕的女兒重病，剛開始真的是難以「謝恩」。然而，隨著共同陪伴與照料，家裡的風景慢慢轉變。原來女兒是董事長與前妻所生，之後的婚姻也有了孩子，這四口之家儘管感情極好，卻總是有一道隱形的牆。但因為這場病，不可思議的畫面出現在病房裡，平常絕不可能同時出現的四個人並肩齊坐：女兒的親生媽媽、爸爸，以及爸爸現任的太太一起在醫院，齊心握著女兒的手共同禱告，思索怎麼做才是對她最好的治療。

如果沒有神，我們很容易彼此埋怨責怪，但是因為神在中間動工，大家想的是如何為家庭努力，如何讓女兒早日康復。女兒說：「還沒有手術，但感覺病已經好了大半！」因為神的愛醫治了缺口，看見每一位家人對她的付出，「我是真心感到喜樂，」她說。

苦難不斷降臨這個家庭，但他們遇到問題還是不住禱告，用正面的心看待各種轉變，堅信上帝必會醫治。還好女兒年輕修復能力好，休養之後回到大學補完之前缺的課，現在已經畢業開始工作。

儘管用文字形容總是能夠三言兩語帶過，但事實上苦難的過程中插曲不斷，董事長的父親意外中風，經常要急診住院，一次起碼一個星期，後來肺又壞死一半，接著還感染肺結核……家人都以為沒希望，連靈骨塔都買好了，但靠著醫療團隊的努力，加上家人殷切的禱告，最後又奇蹟似的救回來，直到現在生命穩定！老實說，是不是連你都想大喊一聲「哈利路亞」！

†

所以，究竟苦難會臨到什麼樣子的家庭呢？答案如聖經所說，每一個人都會。不同的是，你選擇用什麼樣的態度去面對！如果你能夠跟我一樣，或者跟那位董事長的家庭一樣，依靠神的帶領，那麼我要恭喜你，祂告訴我們，這世上有苦難，但是祂已經戰勝這一切，祂必差派千軍萬馬陪你度過。

你不孤單！

愛的四道

面對生老病死的關鍵時刻，當你發現家人還有什麼話沒說、一定要說、非說不可，該怎麼辦呢？走過人生的驚濤駭浪之後，我有個非常深的體會，就是愛的四道：及時的道愛、道謝、道歉、道別，可以為生命抹去許多的遺憾。

六年前五二〇的這一天，一個大太陽的日子，我們全家人一起去爬山，回程時吃了海鮮，晚上先生就說他全身發癢，清晨我醒來時，他已經去了急診室，等我趕到後醫生馬上要他住院，我不解吃個海鮮為什麼要住院？各種檢查持續長達一個星期，所有精密儀器全部走一遍，還是沒有診斷出明確的病情。正當眾人著急又困惑時，我接到姊姊的電話，說父親也進了急診，之前診所一直判斷是單純的胃痛，沒想到大醫院一檢查竟然宣告父親得了肝癌，生命剩下三到六個月。一週後，同樣一組肝膽腸胃科醫師終於確診，走到先生病房門

Count your blessings, not your problems.

口，面有難色、吞吞吐吐地告訴我，先生罹患了最棘手的胰臟癌，必須進行腹腔最大的手術。

我在醫院忙著照顧父親和先生，有將近一個月沒有時間回娘家探望，某天中午電話響起，是天母老家打來的，一樣是吞吞吐吐還帶著哽咽的鼻音，這次告訴我的卻是：媽媽吃完早餐，沐浴更衣，回到床上睡回籠覺後，居然在夢中安詳過世了。

我永遠記得當時我在醫院美食街，呆坐著反應不過來，老天在跟我開玩笑嗎？我還不夠慘嗎？一個月沒有跟媽媽見面，從此就這樣天人永隔？我有好多話還沒跟她說，媽媽什麼後事都沒交代啊！這樣的震撼、遺憾、悲慟，對我、對全家人來說都難以承受。我母親是上海小姐，年紀大了之後她總是說最大的心願就是要漂漂亮亮地離開人世，絕對不接受插管、氣切等等這些急救，我相信「安然辭世」是她一輩子的希望，可是對子女來說，來不及道別是一道深深的傷口，永遠讓人隱隱作痛。

當時我垂著淚跟姊姊一起回老家，從母親生前指示的桌底下，拿出母親自己準備好的遺照，這是媽媽精挑細選，覺得可以代表她一輩子最美麗風華的一張，接著我開始奔走在靈堂、告別式、父親陪伴、先生手術、幼稚園的兒子放暑假……就在各種壓力排山倒海而來，我感到身心俱疲分身乏術之際，真理堂蘇哲明牧師提醒我：「雅淇，千萬不要讓這樣的遺憾再度發生在妳家人身上。趕快，就是現在，帶著妳的家人，趁妳父親還清醒的時候，對他做『愛的四道』，道愛、道謝、道歉，某種程度也是在人世間的道別。」

愛，讓我們經歷人世間的永生

我有六個兄弟姊妹，一半佛教徒，一半基督徒，我不知道該如何跟他們說，牧師建議我們一定要做「愛的四道」！可是我相信在生命的盡頭，不管是什麼信仰，愛，是我們之間唯一溝通的管道。記得那是一個週末的午後，陽光灑進父親的病房，他意識還算清楚，只不過將近兩個禮拜沒有進食，完全沒有力氣，坐在輪椅上打著點滴，生命彷彿倒數計時著。我邀請全家人聚集在爸爸面前，對他訴說愛的語言。六十歲的姊姊首先開口對爸爸道謝：「阿爸，你一定不記得我小學三年級的時候，有一天跟姊姊吵架，氣到把所有作業捏爛了丟在地上，你半夜起來看到那團亂紙，知道這樣沒辦法交了，於是幫我一張張用熨斗燙平，讓我第二天還能把作業交出去，爸爸謝謝你，謝謝你這樣愛我。」

哭點超低的我，才一開口喊爸，淚水就在眼眶中打轉：「我知道你非常愛我，從來沒有論斷過我，尤其是我工作忙碌，常常沒空理你，有時候對話還很沒耐心，你一直用愛包容我。你總是默默收集關於我的報導，一張一張親手貼在相簿上；只要是逢年過節、值得祝福的日子，你一定會送我紅包，上面密密麻麻寫著你對我的關心與鼓勵，但我永遠只是把錢抽出來，紅包袋就丟了，所以我居然一封都沒有留下來……爸爸，真的對不起……」爸爸可能永遠沒有想到，他在孩子小時候為我們所做的一件件小事，卻給我們留下了一輩子永恆的回憶。

那天下午我們六個兄弟姊妹都說了早已被遺忘的小故事，每一個都代表爸爸的細心，爸爸的愛。每個人說完後都給了父親從來不敢的擁抱，包括我大哥。大哥大我二十歲，我從來沒看過木訥的他對父親表達愛意，但那天他走上前去擁抱父親，我相信如果有所謂「永生的美好」，那天下午我就經歷了人世間的永生。我看到了愛在病房裡流轉，我看到爸爸雖然只剩最後的生命氣息，卻親眼見證家人毫不保留地分享愛的語言、伸出雙手擁抱彼此，在世時能夠親耳聽見每個人對他的感謝，那美好的互動，勝過過去忙忙碌碌的八十多年。

信仰，是溝通最美好的模式

父親過世之後，緊接著是我們家大兒子二十五歲的生日，通常做父親的對長子都非常嚴厲，老大在成長過程中也覺得爸爸充滿威嚴，別說什麼愛的抱抱了，連愛的言語肯定也不多，對話內容多半是你做這個、做那個、該這樣、該那樣。我們以為這是愛孩子的方式，給他最好的指引、最好的資源，殊不知有時候常春藤的學歷還比不上一句愛的語言。

那天我買了一個小小的蛋糕，在病房裡鼓勵兒子對爸爸道愛、道謝：「爸爸，謝謝你陪我度過這個生日，我愛你，我知道你為我做的一切，都是為了我好，謝謝你，爸爸。」而一向非常剛強的爸爸，聽到兒子的呼喚，也完全柔軟下來，對著兒子說：「你知道我一切都是因為愛你。」從不輕易稱讚兒子的父親，也在這時緩緩吐出兒子最想聽到的話：「你是我一輩子的驕傲。」就這樣，隨著父子倆彼此道愛、道謝、道歉，過去負面的陰影立刻就被劈開，彷彿一道光芒灑了下來，整個病房裡的心情溫度計徹底大翻轉。

我跟大兒子都是「從不信到信」，這一路走來，我們深深體會到信仰是一種溝通相處最美好的模式，也因為相信有愛我們的神，我們的價值觀皆以愛為出發點，然後用這份愛去愛我們周邊的人。我們都深信聖經中的真理，在這樣的前提下，溝通就會建立在同一個基準點上，就算是意見不合，也知道對方是以愛為出發點，關係就會更加健康。

父親在母親離開之後整整一個月去世，孩子的爸在兒子生日之後的一個禮拜也去了天家。關先生過世，對我們整個家是很大的挑戰，但也是在那段期間，我們緊緊倚靠上帝，徬徨中從未失去信心，而且因著共同的信仰，我們都深深相信永生，所以有了盼望跟希望。就算發生在別人眼中看來很不幸的失去，我們仍然能夠擁有出人意外的平安，儘管傷心，卻沒有太多的恐懼，全家人的心一樣團結和諧。

很多人問我說：「雅淇，為什麼妳還是這麼樂觀，還是有這麼堅強的信心跟毅力，妳是怎麼辦到的？」我總是告訴他們：「因為我有非常堅定的信仰，我知道有一位永遠愛我的天父，而且我也知道，透過愛的四道，能夠讓無法挽回的生命，從此減少了遺憾。」如果我能對我最關心的人、最愛的人、最親近的人道愛、道謝、道歉，我就不再害怕生命隨時會就這樣結束了。生老病死就跟春夏秋冬一樣，誰也躲不過，但是我絕對相信，關鍵時刻的關鍵話語可以為生命帶來極大的轉變；我也相信你絕對可以從現在開始好好地說話，道愛、道謝、道歉、道別，讓生命有所翻轉，走出一條全新的道路。

愛的四道，今天回家，就對你愛的人說。

蔣雅淇 TedxTalks
「大聲說愛的四個步驟」

讓失去盼望的心，重新再活起來

生命的熱力不在於年紀，能不能活出光彩在於你的那顆心，有沒有讓神豐豐富富地愛你、充滿你……我抹去了恐懼，取而代之的是用期待的心情，喜樂地迎接那位愛我的天父，為我打造充滿創意的每一天。

今晚的宴會俊男美女雲集，主人是一對結婚三十五年的恩愛夫妻，宴會目的是慶祝他們的結婚週年紀念。餐桌上鮮花、蠟燭、美食，該有的一樣都沒有少，全桌的客人我也都認識，但最吸引我目光的，卻是坐在男主人旁邊、我從來沒見過的一位大姊。她看起來已經上了年紀，卻依舊容光煥發、聲音宏亮，整個晚上優雅自信地跟旁人談天說笑，讓坐在她斜對面的我忍不住偷偷多看了好幾眼。

酒過三巡後眾人開始介紹起來，那位大姊是最後一個站起來說話的人，她才一開口，我就不禁放下刀叉，專心聽她說起故事。頭髮梳得光亮、衣著俐落的她緩緩地說：「我今年已經七十五歲了，身為企業集團的女兒，過去在商場上呼風喚雨，經手百億都不是什麼稀奇的事，但是現在我選擇一個人住在安養院裡。不是我沒有錢或沒有自己的房子、不是沒有家人小孩要照顧我，但我還是決定要住到安養院去。你們看看，在座每一個人都充滿了生命的氣息、充滿了盼望，年輕的時候我們努力拚事業，結了婚之後用心經營家庭，生了孩子之後為養兒育女操心，孩子養大之後又要想盡辦法把他們送進最好的學校。在五、六十歲以前，我們都是一心一意想著怎麼讓未來更美好。可是大家有沒有想過，當人生走到七、八十歲，你關心在乎的又是什麼？你有想過要怎麼走向生命的結局？有想過人生的最後一段旅程要怎麼過嗎？」

一份可以倚靠終身的力量

她一邊說著，我的腦海裡迴盪著千頭萬緒。對啊，這不正是我常常問自己的問題嗎？我這一輩子最害怕兩件事情：第一是失去父母，因為和爸媽的年齡差距頗大，我從學生時期就常擔心要提早面臨喪親的問題。六年前我父母在一個月內相繼過世，那種痛苦的滋味我已經嚐過，這個困難的生命課題我已經走過一遭。而我最害怕的第二個生命課題，是度過了精彩的青春之後，要怎麼走下一段人生？如何面對下半輩子，甚至是人生最後一哩路？

那位大姊繼續說：「年輕的時候，我們每個人都有一顆活潑跳躍的心，被事業、家庭、夢想、旅行等各式各樣的期待所填滿，可是努力多年之後，你發現要退休了、孩子長大有了自己的家庭，你知道他在外地發展得很好，想念卻不好意思叫他回來……你意識到自己的身體狀況不大如前，一切都走向了黃昏，突然間彷彿什麼希望都沒有了。這就是為什麼我要住到安養院，我想要讓那些失去盼望、快變成石頭一般的心，重新鮮活起來；我要讓那些失去夢想的老人家們知道，有一位永不會讓他們失望、可以終身倚靠，而且永遠愛他們的上帝。」

這幾年下來，我遇見不少長輩面臨衰老病痛、驚慌無助的情況，但是我發現，懷抱信仰與否所走出來的人生路，真的是截然不同。就拿我公公婆婆來說，年近八十失去獨生子，一切期盼和美好都曾在這個兒子身上發生過，從小到大成績優異、美國史丹佛大學博士、上市公司董事長……卻在五十二歲就這樣離開人世，提早回到天家，白髮人送黑髮人的傷痛我難以想像，當時對我來說，除了要承擔逝去另一半的痛苦，還要擔心公婆如何面對這樣殘酷的事實……後來我才發現，我好像是多慮了。

活出光彩，被愛充滿

兩位長輩把自己的憂傷透過禱告向上帝傾訴，一天又一天，就算難過不捨，他們還是確信唯有倚靠神才能過喜樂的生活。每一天他們兩個人手牽著手、戴著健康計步器，目標「至少」走一萬步；我常在中午遇到住在家樓下的婆婆，精神煥發地對我說：「今天早上已經走一萬步了。」更不要說今年八十多歲的公公，他是力行「週休二日」的人——一個禮拜只有兩天不練球，每天清晨不管是三十多度的熱浪，還是低溫六度的寒流，他都站在球場的溫度計下面拍一張照片之後，開始用步行的方式展開他的十八洞人生。常常有人為了一桿進洞開心慶祝，因為那代表球技加際遇的高峰，但我公公已經慶祝「一桿進洞」五次了！五次耶！我相信公公長年持續不斷的練習，技巧肯定過人，但通常第一次是幸運、兩次是球技，三次、四次、五次的話，絕對是有神豐豐富富的恩典降臨在他的身上。

更可愛的是，我有好幾次下午到他們家裡問候，按了鈴推開門進去，看到這對老夫妻共用一付耳機，一個人戴左耳、一個人戴右耳，透過手機聽聖經，而且聽得津津有味。他們桌上擺著各式各樣跟聖經有關的書，也常常彼此討論，看看誰的聖經讀得多、進度快。看著這個畫面，我突然發現，生命的熱力不在於年紀，能不能活出光彩在於你的那顆心，有沒有讓神豐豐富富地愛你、充滿你。

說到這裡，我想到住在美國、同樣年長的姑奶奶，健檢發現罹患乳癌，家人都為她感到震驚與擔憂，紛紛透過文字簡訊或各種方式安慰她，然而虔誠的她卻告訴我們：「我每天靠禱告充滿喜樂，能活著我就繼續感謝上帝，跟家人多多相處；如果被接引到天上，那也是美好無比，因為我總算可以見主面跟耶穌一起了。所以你們大家安啦！我這輩子還有得活了呢！」儘管健康出現警訊，卻因著神給她豐豐富富的力量，反而回過頭來安慰每一位家人，讓我再次堅信有神的愛充滿，就能活得豁達精彩。

†

回過神來，我再次望向這位睿智的大姊，年長卻幾乎沒有皺紋的臉上，神采奕奕閃著光芒，我告訴自己，過去因為不認識這位愛我們的神，無知無助而感到害怕，現在有這麼多美好的見證活生生的就在眼前，我抹去了恐懼，取而代之的是用期待的心情，喜樂地迎接那位愛我的天父，為我打造充滿創意的每一天。

Let Go & Let God

我過日子的方法很簡單，就是不管遇到什麼樣的挫折，或是遇到多折磨人的困難，我不會選擇負面的自艾自憐，持續學習放下自以為是的經驗，放棄凡事都想掌控的壞習慣。

你正在進行一件重要的事，或許對你具有非常特殊的意義，也或許可以幫助許許多多的人，甚至可以翻轉他們的生命，但就在這時候，毫無預警的，你突然生了病，或者遭遇一些意料之外、不如預期的狀況——這樣的經驗曾經發生在你身上嗎？

在我的信仰裡，這種現象有個名稱，叫做「屬靈爭戰」。我自己就有過深刻的親身體驗。

度過挫折，就能看見奇蹟

三年前的復活節前夕，教會希望我可以錄一段見證生命的影片，訴說我如何從一個凡事靠自己、孤軍奮戰的人生，到完全仰賴主、倚靠神的人生。在這篇見證裡，你會聽到一個走過生命幽谷的人，堅守著對神的信心大步向前邁進，教會認為這個見證肯定能夠激勵人心，鼓勵許多正面臨困境的人。我接下這個任務，也寫好所有的稿子，但就在要去錄影的前兩天，我突然沒了聲音！我還記得那天下午我跟同事們開會時，沒有出現任何不舒服的徵兆，發燒、咳嗽、流鼻涕通通都沒有，可是就在開完會回家的路上，忽然間我的喉嚨啞了，好像被鎖喉一樣，發不出任何聲音。過去從未發生過這種情況，我不知道怎麼回事，看了醫生也找不出原因，唯一能做的就是安靜休息、多喝水，當然，還有禱告。

兩天後，該錄影的時間到了，聲音依然沒有恢復，我只好跟教會的牧師請假，牧師為難地說：「好吧，但一個星期內還是得錄好，否則復活節就要到了，見證會開天窗。」我開始急了起來，因為從沒聲音到有聲音，然後還要好到能夠上台做見證、錄影、錄音，這是多大的挑戰啊！這時候我別無他法，只能倚靠神和專心禱告。在最後一刻，我跟牧師說：「無論如何，一週以後我們就來錄吧！」

我永遠記得那一天，所有狀況都不理想。對從事新聞工作十多年的我來說，頭髮一定要梳整齊不能塌在臉上，不然會顯得憔悴；麥克風要別得挺挺的，不然拖著領口往下垂看起來沒精神。而多年的主持、主播工作資歷，我早已練就不吃螺絲的本領，就算不看讀稿機，所有字句、數字清楚印在我的腦袋裡（老實說我播新聞從不用讀稿機，看了反而不會播）。不過那一天的見證，跟過去所有這些經驗都無關了。那一天，天氣陰霾潮濕，我的頭髮塌了下來。那一天，為了避免給人過於強悍的感覺，我穿了一件溫暖色系的棉T，結果麥克風別上去之後，就這麼硬生生垂垮下來。從來不吃螺絲的我，當天不知道為什麼話說得結結巴巴，還一直忘詞，錄影現場，好幾次我覺得沮喪又氣餒。

可是你知道嗎？當我錄完影片步出教會的大門時，我大聲地向神感謝。

跟以前專業的我比起來，這次表現只能用糟透了來形容，但就在我搭電梯下樓的短短幾十秒鐘，我感謝主徹底翻轉了我的眼光，甚至感謝主為我做這樣精心的安排。當時一個意念閃過我心：如果我顯得太過神采奕奕、精明幹練，這個故事或許就無法說服人，畢竟歷經傷心的我，當時真的是這樣的軟弱；如果我還是跟以前一樣鬥志昂揚、目光銳利，或許人家不免懷疑我是否真的遭遇創傷；如果我話說得咄咄逼人，那麼聽眾可能會覺得或許這個故事只是我誇張罷了。所以儘管髮塌、衣垂、聲音沙啞，我依然向神獻上感恩，因為這可能就是事發當時我最真實的模樣。聖經裡說：「祢的旨意高過我的旨意，祢的計畫好過我的計畫。」我們總是喜歡規劃自己的人生，希望每一個步驟都要按照自己的意思，年輕時的我就是這樣，但現在，一次一次經歷神的大能，我發現**Let go and Let God**，才是最好的方法。

放下掌控惡習，讓祂帶領生活

果然，見證影片播出後獲得極大迴響，不只在我自己的教會，後來我所到的每個教會、演講場合，我也一定會播放這段影片，台下每個人都為這真心真意的分享而感動落淚，更有許多人透過這影片感受到神的溫暖和美好，有些人還因此遇見神，甚至被神的愛觸摸。我看著影片裡那個不合我意的髮型、不合我意的聲音，再次深切感受到神自有祂的計畫。

所謂的「屬靈爭戰」，其中一種狀況是，常常在心底有個聲音一直告訴你：「都是你的問題、都是你不夠好、你做不到、你不行……。」而現在的我，總是選擇相信神、倚靠神，領受神美好的心意。記得有一次女兒班上的家長們聚餐，大家坐定了之後，一位長輩率先舉手，她說：「大家好，謝謝你們這麼照顧某某某，我是她的阿嬤，她媽媽因為先生過世，心情低落，所以比較少參加班務跟大家互動，請各位見諒。」大家一團尷尬，還在思考該怎麼回應時，只見我奮力舉起右手說：「阿嬤、阿嬤，我是蔣雅淇，我先生也過世了，妳跟她說有什麼問題可以來找我，我可以跟她一起聊聊，不用擔心也不用害怕，神對我們或許有不一樣的規劃。」現場本來是一片沉寂，聽我說完之後，大家都爆笑出聲，想說怎麼有人這麼自信爆棚，可以把悲傷的遭遇說得如此勇敢與理所當然。

有一次我去做見證，一位牧師知道我是對神極有信心的人，也知道我一路走來的心路歷程，所以他刻意在眾人面前問了我一個很刺耳的問題，想要藉此提醒同樣面臨失喪的人。他說：「雅淇，在古代妳可能會被別人說是剋夫命，妳要怎麼回答別人對妳的誤解？」我絲毫沒有覺得丟臉、傷心、懷疑自己，反而直接回答他：「神創造每一個人的時候，早已為每一個人寫好祂的心意，所以儘管挫折困難，你不需要認為那全都是你的錯。許多人禱告尋求神蹟，結果歷經挫折，又度過挫折，最後就看見奇蹟！我相信只要好好地活出神的榮美，最終別人就會知道，其實我真實的臥底身分是，『神寶貝的兒女』。」

最後我望向提問人，眨眨眼用輕鬆的口吻對他說：「去你的剋夫命啦！」全場聽眾都笑了出來，爆出熱烈的掌聲。

一次在一個熱鬧的社交場合中，一位企業界長輩特地走過來跟我打招呼：「最近都好嗎？」我滿臉燦笑，眼睛直直看著他，絲毫沒有逃避、懷疑或心虛地對他說：「很好誒，謝謝你！」他微笑著告訴我：「雅淇，妳真的很特別，大部分的人不管有沒有遭遇挫折，都只會回應說還好、不錯，只有妳是爽朗大聲地跟我說『很好誒』！我相信妳的陽光一定感染了妳的孩子跟周遭的人，妳的神必定把祂的愛，豐豐富富地填滿妳的心，我很為妳開心。好羨慕妳那『有主帶領的人生』！」

†

其實我過日子的方法很簡單，就是不管遇到什麼樣的挫折，或是遇到多折磨人的困難，我不會選擇負面的自艾自憐，持續學習 Let go，放下自以為是的經驗，放棄凡事都想掌控的壞習慣，取而代之的是Let God，不把自己當上帝，真正地讓神來帶領我的生命。我發現一次又一次，神總是給我出人意外的情節，超出渺小的我所能想像，奇妙無比。現在的我非常享受這樣的人生，好像冒險一樣，但是非常喜樂踏實。

每個機會，都當作是最後一回

從事新聞工作的時候我總是衝衝衝，可是經常把麥克風遞到別人嘴邊時，自己跟對方都不是很舒服。分享福音的時候我還是衝衝衝，但出發點是為神、為人；目的是愛神、愛人！

姊妹淘告訴我，她的一位好友剛剛發現罹癌，事情來得太突然，全家一陣慌亂，她很想要為對方祝福禱告，可是信仰不同，不知道怎麼開口才好。

行動派的我完全不認識對方，但因為以前從事新聞工作，養成「隨時準備出動」的習慣，所以我馬上回覆：「我們現在就來約她好不好？明天喝個茶聊聊天，沒有壓力，交談之間一有機會就能為她禱告祝福！」

朋友對我的積極嚇了一大跳，她知道我忙著工作、出書，還要張羅三個孩子大小事，每天時間都排得很滿，可是聽到姊妹有需要，居然願意馬上調整行事曆，所以當天下午她立刻就約好了第二天的見面時間。然而到了夜裡十二點半，她又傳了緊急簡訊給我：「雅淇姊妹，對方明天要去醫院做第一次的化療，不確定什麼時候可以結束，還是約改天好了。」

我知道絕大多數的人碰到這樣的情況，都會尊重對方，立刻打退堂鼓改時間。可是我的想法不一樣：我不是要去喝咖啡聊是非或者聚餐打屁的，我是認真想要把握難得的機會，說不定也是唯一的機會，為人祝福、為人禱告，希望姊妹藉此機會遇見神。過去我曾經有幾次原本說好「改天再約」，但最後再也見不到，好友就突然離開人世的經驗，我不願意再讓遺憾有機可乘，所以儘管已經深夜時分，看見閨蜜還在線上，我直接撥了電話過去，我說：「看醫生最重要，也不要有壓力，況且化療時間真的很難掌握，何不我們就去人家家門口等，等多久都沒關係，兩個人就順便說說話，總之就是不要輕易放棄，妳覺得如何？」

電話那頭的聲音滿是感動，說我真是「信心的勇士」，原本她覺得要麻煩我已經很不好意思，現在倒是我比她還要積極，更燃起她要「把握機會」的動力。第二天下午，我們兩個人坐在對方家的門口等了一個半小時，總算見到面。我們真心的關懷、真誠的問候，見面的時間其實大部分都是那位姊妹在說話，我們兩個人就專心傾聽，直到離開前，我抓緊機會問對方：「我可以為妳祝福嗎？」

一整個下午的等待，一個半小時的聆聽，最後雖然只有五分鐘的機會，但我把所有想要給對方的祝福、自己親身的經驗、神的美好，在這短短的祝福禱告裡徹底分享。姊妹淘回家之後非常感動，再傳了長長的訊息給我，說第一次體驗到我那種「被拒絕也不在意」，一心想要為人祝福的心意，而且深信福音的種子已經深深埋在那位姊妹的心中。我謝謝她的讚美，也分享了一個我的福音原則，那就是「每個機會，都當作是最後一回」！

做信心的勇士，絕不輕言放棄

最近感受特別深刻，經常打開訊息、翻開臉書的時候，會看見老同事、好同學或多年朋友在毫無預警的情況下離開了！我們不是才約好要聚會的嗎？怎麼這麼突然？年輕的主管因為溫度驟變，坐在沙發上就這樣走了，第二天同事覺得奇怪人怎麼沒來，去敲他家門才發現意外；青春盛開的事業女強人太過勞累，搭飛機降落目的地，之後卻再也沒有醒過來……再加上我自己的母親也是突如其來就在睡夢中離世，讓我更加珍惜每一個探訪的機會，每一個分享福音的可能。

這幾年來有許多機會面對不同信仰的人，朋友看我每年都在為人舉辦受洗禮從未間斷，問我究竟帶了多少人信主？我總是開玩笑地回答：「我又不是做直銷的，哪裡會去算多少個人？更何況『有人撒種、有人收割』，有的時候我只是抓住機會、勇敢站出來、大膽邀請而已！」

我的大姑經常邀請一位她的好朋友上週日教會做禮拜，幾個月來每次我們中間都隔了好幾個位子，從來沒有機會說到話，打了好幾次照面也不知道她的名字。好不容易一次剛好她就坐在我隔壁，我的腦袋裡突然有一個很強烈的意念，彷彿是神對我說：妳隔壁的這位姊妹可以受洗了！

我掙扎了一下，想說我連人家的名字都叫不出來，這樣會不會太唐突了？但旋即我又想到聖經裡面所說：「不要消滅聖靈的感動。」這麼平安美好的意念，這麼難得的機會，今天剛好她就坐在旁邊，事不宜遲，我立刻轉頭，笑著問她說：「妳看過《新生命》、《七個釋放禱告》這兩本書嗎？」

或許是以前做過主播給人留下印象，所以每當我主動親切問候別人時，人家通常因為知道我是誰，不會有太大的戒心，這位姊妹立刻微笑對我說：「沒有耶！這是什麼？」

我透過這個話題破冰，告訴她這是真理堂受洗前必讀的兩本書，然後馬上邀她去教會樓下的書店，最後還邀請其他幾位姊妹一起共讀，果然沒隔多久她就受洗了，生命因此獲得美好的翻轉！諸如此類的案例不勝枚舉，兩位甚至不是很熟的朋友，才來讀經旁聽一、兩次，我覺得對方很有感受立刻邀請受洗，沒想到立刻獲得正面回應！現在他們不但固定聚會，而且屬靈胃口大開，非常渴慕神！

勇敢邀請，被拒絕也別在意

我年邁的父親是在病床上受洗的，記得那幾天他狀況非常不好，已經意識不清昏了好幾天，我著急地請牧師、師母陪我一起為父親禱告，我們站在病床旁邊輪流開口，師母突然直接問父親：「蔣伯伯，你願意接受耶穌基督做你生命的救主嗎？」真的說也奇怪，已經躺在床上好幾天的父親突然很有反應，牧師抓住機會立刻為父親施洗。

第二天我去探望父親的時候，走進病房發現床鋪上空無一人，急忙衝到外面想要詢問護士小姐，經過走廊時，看見窗邊有一位坐在輪椅上的老先生正在跟人聊天……我瞇起眼睛仔細一瞧，天啊！那不正是我老爸嗎？前一天我還煩惱著六個兄弟姊妹中三位是佛教徒、三個是基督徒，不知道該怎麼跟他們解釋爸爸已經受洗的事實，今天突然看到爸爸有這麼大的翻轉，於是我二話不說馬上把當時受洗的錄影，還有這兩天的情況傳到群組裡面給哥哥姊姊們，我深信自己長年為「父親受洗」的禱告，神真的聽到了，再加上牧師、師母把握關鍵時機，才會有這麼大的奇蹟。

去年一位姊妹的父親因為中風住院好一陣子，無預警下突然病情不穩，住進了加護病房。其實在此之前我就提過好多次想要去探訪，因為姊妹的家人跟我家人一樣都住在國外，所以她經年來都是一邊照顧自己的家庭和孩子，一邊要舟車勞頓往返醫院陪伴上一代，我是過來人，能夠體會那種心理壓力，所以一直想要去陪伴探視。之前姊妹總是很體貼的不想要麻煩我，每次的回答都是：「等父親好一點再說。」這一天我一聽說她父親進了加護病房狀況不好，那顆「絕不再等」的引擎立刻發動，再次使出老招：「明天我和牧師一起去探訪父親，不能進去加護病房也沒關係，就是我們的一份心意，陪陪妳就好。」

姊妹長年的心願也是父親受洗，只是家裡其他的成員還不認識上帝，所以總覺得難以啟齒。尤其當我告訴她隔天我們要去醫院後，她更是徹夜難眠，深怕我們會被其他家人拒絕，但不可思議的是，原本其中一位家人斬釘截鐵說：「妳可別讓爸爸受洗，我不認為他會想要！」經過了徹夜禱告，真的是徹夜禱告，第二天，那位家人忽然改變心意，溫柔感性地對她說：「其實，我也不能幫爸爸做決定，說不定他真的想要。」

感謝神的動工，當天到達加護病房門外，牧師順利被家人接受並進去問候，出來時每一個人眼眶都紅紅的，他們播放手機錄影，讓我看到老父親在病床上接受洗禮的畫面，已經昏了好幾天的父親，在受洗當下非常有反應，緊緊抓著牧師的手，「我告訴他，你是孩子們的好爸爸，也是神最寶貝的兒子，他立刻滴下淚來。」牧師描述著病房內的情形，我感動得止不住落淚。

從事新聞工作的時候我總是衝衝衝，可是經常把麥克風遞到別人嘴邊時，自己跟對方都不是很舒服。分享福音的時候我還是衝衝衝，但出發點是為神、為人；目的是愛神、愛人！感謝主讓這位老父親度過難關，脫離險境後現在繼續安養中。感謝主讓那位罹癌的姊妹帶著盼望，一面抗癌、一面把生命交託到主手中。平常的我應該是進退有據，但為了傳播福音，我不會裹足遲疑，我會毫不猶豫大步向前，堅持把每個機會都當作是最後一回。

不要讓別人定義你，你可以創造自己

關愛

每天睡前媽媽都會進我房間陪我聊聊天，聽我分享學校的事情，不過因為她往往也是累了一天，所以偶爾有爆笑表現。有一次她很認真想用諺語跟我說道理，脫口說了「我沒看過豬，也看過豬走路」這句話，我楞了一下，當場笑翻。

在我眼中，媽媽有階段性的不同角色。有時候是嚴師，尤其像弟弟處在國小剛升國中階段，她會嚴厲督促課業；有時候她像領航者，在我高中階段，給我許多課業、志工、課外活動的建議；更多時候她是朋友，不論多忙都堅持親自陪伴我們。

她是個做什麼都投入百分之一百的人。好比說，我很喜歡烘焙，有天做了個水果千層派，請媽媽幫我拍照留念，結果她搬出鎂光燈、拿出自拍棒、擺上美麗的餐盤，連刀叉、裝飾品都講究，把原本我認為二十秒可以完成的事，仔細弄了快半個小時，就為了替我第一次做的蛋糕留下最美的紀錄。雖然我喊著想要趕快吃蛋糕，但看見她認真的態度和拍出來的照片真的感動。她就是做什麼都會想要把它做到最好的人。

她也是個覺得「沒有什麼不可能」的人。她常常跟我說，不要還沒試過就說不可能，試了沒成功沒關係，但沒有嘗試絕對不可能成功。她不只是說說而已，現實生活中真的活出這句話。前陣子我們去雲林崙背關懷中心探訪，她聽到孩子們從未來過台北，可是很希望有這樣的機會，立刻鼓勵我去問當地老師能不能讓小朋友們上台北做音樂表演，我覺得不可能，人家怎麼會願意跑這麼遠，但真的去問了，沒想到對方也同意。她就是不怕挫折失敗，也不怕丟臉；她常常說，沒有試就失敗更丟臉。

對方答應之後，她就帶著我安排策劃了一場雲林兒童「音樂圓夢」活動，請雲林的小朋友上台北做街頭公益演出。媽媽幫我設想了一些細節，她聽說這些孩子從未吃過麥當勞，建議可以試試邀請麥當勞贊助這些小朋友，我當下心想，人家又不認識我們怎麼會願意？結果我們真的打了電話試試看，最後竟是對方「主動開口」願意提供所有小朋友餐點。街頭表演要跟警察局申請許可，戶外表演音樂的器材也很多，還需要準備電源與一些動線規劃，她提議可以請警察幫忙，我認為警察已經夠忙了應該沒時間理我們，她同樣鼓勵我打電話溝通聯繫，試了再說，結果原本只想申請場地，最後分局長一聽到這麼有意義的活動，不但事前建議我們合適的定點，結束後還請大家喝珍珠奶茶，讓活動超出所求所想的成功，雲林孩子感受到台北人的溫暖，募集到足夠的車資回家，留下難忘美好的回憶，真真實實一圓夢想。

我自己也慢慢感染了這種勇往直前的態度，學會緊緊抓住每個機會，畢竟有些機會錯過就沒了：「不要害怕丟臉、不要害怕失敗，不要因為別人怎麼想就影響你」。我在二〇一八年十月成立了「Ai am Possible 愛可能青少年志工隊」，起初是想用我擅長的音樂幫助別人。一開始我覺得好像很麻煩很難成功，轉念一想如果沒試過就否認自己，根本不會知道結果如何，反正就算失敗了，身為學生多失敗也是一種經驗成長。我先找了三個過去校內弦樂團的同學，從小地方開始，到育幼院、養老院、醫院義演，發現其實有很多地方、很多人是需要陪伴的，而音樂就是最好的媒介，讓他們透過音樂感受到幸福，感受到愛與關懷。

本來我不覺得這會成功，也不覺得同學會有興趣參與，但媽媽不斷鼓勵、每次活動陪著我們一起，不斷檢討改進，於是從我一個人的想法，變成四個人的團隊，到現在橫跨十所高中、約五十人的小組織，每個月至少兩次音樂活動，由單純的音樂陪伴，變成幫助每一個生命找到亮點的「星光計畫」，一年半來已經獲得教育部、國際企業所舉辦的志工賽大獎，這一切榮譽都是始料未及，當初想也沒想過，只因為媽媽總是鼓勵我說：「別說不可能，告訴我怎樣才能！」

從中我學到一件很重要的事：不要讓別人定義你，你可以創造出自己的價值。我會學習音樂是因為小時候過動，媽媽想找個辦法讓我靜下來，我因此走入音樂，然後現在用音樂幫助別人。一個不甚美好的源起，卻可以靠我自己把它轉化出美好的結果。

當然，一路走來我遇過不少挫折，但樂觀的個性，還有媽媽總是不吝給我正面回應，所以我可以堅持下去，也坦然面對各種結果。我記得七歲小學二年級時第一次錄製音樂CD，要不斷重複拉琴，好不容易錄到快結束時，我卻累得想要放棄，無論如何不想再錄了。媽媽沒有罵我或逼我繼續，而是買了零食給我吃，鼓勵我撐下去。

不久前我在課業繁忙的十一年級參加了校內徵選外交小尖兵的活動，參選前我就先想好，由於這個榮譽需要投入許多時間精力，如果我選上了，就學習怎麼規劃時間，怎麼兼顧課業；如果沒選上，就表示我適合專心投注課業，好好把明年的音樂會準備得更好。媽媽總是跟我說：「如果每件事妳都努力了，剩下的就交給主。若有好的結果，證明這個機會適合妳；若沒有，表示這個機會更適合別人。」我非常努力準備參加徵選，最後沒有成功，其實不久前我還參加了校內最大活動的主持人徵選，一樣沒有選上，心情多少還是有一點沮喪，但是媽媽聽到之後立刻樂觀地告訴我：「哇！好家在沒有選上，這樣可以有更多的時間準備音樂會，阿們啦！感謝讚美主！」我的媽媽，就是這樣積極樂觀！

現在我在做每件事之前，會先把正反面都想好，把心態調整好，讓自己得失心不要太重。我認為做一件事的整個過程，都是一種學習，既然我投入了時間，就一定要學到東西，不然時間就浪費掉了，正面有正面的學習，失敗也是很好的經歷。而不論是學琴、課業或任何活動，每當結果不如預期，媽媽從來不會責備我，反而安慰我只要努力了，結果不重要。

當然我跟媽媽也不是毫無衝突。我愛小提琴，我也愛籃球，但有陣子媽媽怕我打球若傷到了手，身為樂團首席的我就會拖累團隊，所以不准我打球，於是我就每天下課偷偷去打。可是我心裡知道，我不可能一直做著媽媽不同意的事，於是我找了機會跟她好好談，我告訴她我會照顧好自己，不讓自己受傷，而且我也是真心喜歡打籃球。她接受了我的說法，也同意我的解決方案，母女倆理性溝通好過生氣衝突。

如果要說我們家的精神是什麼，我會說是「勇敢」兩個字。幾年前家裡突然遭逢外公外婆和爸爸都過世的打擊，但媽媽要安慰爺爺奶奶，又要帶著我們幾個孩子繼續過生活，我覺得她真的好勇敢。也因為她一直以來都堅定倚靠神，勇敢地看著希望，因此不論別人認為機會多渺茫，都不會成為我們的阻礙，跟著勇敢的媽媽，不隨世俗的價值觀定義自己，我們才能活得精采，實現了很多美好的安排。

關於關愛：

十歲以最小年齡之姿登上國家音樂廳，用小提琴琴聲搭配母親的歌聲，與團隊共同為國家交響樂團NSO以台灣之名巡迴歐洲募款。曾獲得兩次全國音樂大賽三重奏冠軍，十五歲受世界展望會之邀以「台灣女孩」為名，赴蒙古探訪貧窮弱勢兒童，並與當地「藍天合唱團」舉辦草原音樂會，希望喚起大眾對當地的關懷。從九歲開始持續透過音樂會募款，期待以音樂助人，透過音樂會幫助貧病兒童，多年來從未間斷。

恩典一家

上帝和媽媽是我最好的朋友

關義

我有一個什麼都會的媽媽。

她是我的好朋友，每天睡前我都會跟她聊聊學校發生的事，跟同學相處出了問題，她也會提供建議，例如有一次我跟同學打籃球鬧得不愉快，媽媽告訴我，遇到衝突時，不要總是認為別人是針對我、不要那麼容易被激怒，想想耶穌會怎麼做？才能冷靜思考問題。

她是一個嚴厲的老師，功課遇到困難時，我總是先問她，她會教我或是幫忙我找到解決辦法；她常常跟我說，遇到問題就要想辦法解決，不要害怕問人，就好比我很喜歡程式設計，很享受做出遊戲的成就感，但是過程中常常會卡關，要過關，就必須求救。從小媽媽就教我做行程表：平常要按部就班練習，段考前兩週開始規劃複習，不能等到最後一刻；放長假時她也不准我無所事事，得按時完成作業，還要安排學習和活動時間。

她是一個很會煮東西的廚師，肚子餓時她會變出好吃的東西給我，拿手的有燉飯、義大利麵、韓式辣炒年糕……吃得我頭好壯壯。她總是告誡我跟姊姊要吃得健康，不吃蔬菜絕對不會放過我。

她也是我的啦啦隊，支持我的興趣，陪我參加各種活動。我從小一開始學武術，到現在將近七年了，剛開始練習時，每天要蹲好久的馬步，碰上比賽每天練習至少兩小時，每當我想放棄，媽媽就會鼓勵我，告訴我練習是為將來做準備。後來我發現，用心練習真的很值得，因為比賽就會有好表現。我每場比賽媽媽都會到，替我加油打氣，告訴我緊張時可以轉移注意力，看看別人比賽或是靜坐緩和情緒。

她更是我最好也最愛的陪伴者，我每一場出國參賽、每一次出國遊學，她一定親自帶我到現場，看著我走進去，離開前要求我：每天打電話報平安、有問題找老師、懂得照顧自己。一個人參加活動常常會感到害怕，每當害怕時，我就想要打電話給媽媽，後來我想到她教我要解決問題，所以我的克服方式是：交朋友、熟悉環境，有困難找人協助。

我媽媽有好多朋友，我們家總是有很多客人很熱鬧，一起禱告、一起分享，我很喜歡這樣溫暖的氣氛，大家一起聊天，還可以吃好吃的東西。但我們一家人最好的朋友，其實是上帝，我每個週末都上教會，有什麼問題會跟上帝禱告，感覺有個對象可以訴說，心裡就會比較舒服和安慰——可以解決的各種問題，我會自己解決，也會請教媽媽、姊姊或師長；無法改變的問題，我會透過禱告跟上帝說，請祂給我力量，例如已經考完的試，不盡理想的分數……

因為媽媽，我學會要堅持到底，不能輕易放棄；因為上帝，我知道我總是有個倚靠，總是可以找到力量。

關於關義：

程式設計愛好者，從小多次參與機器人大賽，四年級獲得科展全校特優晉級北市賽、莫斯科發明展金牌，五年級Scratch動畫北市優等晉級全國賽，六年級以資訊類特殊才藝獎畢業。喜歡籃球、網球、高爾夫，五歲開始學習武術，北拳、初級棍等等項目獲得多次全國第一，累計至國一武術類各項獎牌、獎狀近一百件。不管功課再忙碌，一動一靜兩大嗜好至今興趣滿滿，從未想過放棄。

Hope
Possibility
Blessing

在世上有苦難，但你們可以放心，我已經勝了世界。

——約翰福音 16:33

THE TABLE OF GRACE

Vivian Chiang

CONTENTS

讀經一年，就為了嚐這一味
無敵翹臀八寶鴨 08

簡單上手
自我鼓勵：打氣饅頭 11
絕對會瘦：雞肉丸子 15
健康滿滿：五色沙拉 18

想到家
包藏菜心：黃金春捲 21
婆婆的手藝：家常炸醬麵 24
蔣母家傳：浙江年糕 26

姊妹同樂

熱鬧聖誕之一人一菜 28

廚房就是我們的親子樂園

甜心女兒之水果千層派 30

小學生也可以之燕麥優格水果杯 30

恩典餐桌

從小就很習慣在大圓桌上跟家人吃飯。

我是家裡的老六，老大長我二十歲，記憶中從小學開始我就要跟早婚哥哥姊姊的孩子們併桌吃飯，因為大人桌坐滿了，我只好搬到「小人桌」去湊熱鬧。父母過世、先生離開，三位家人接連永別之後，我一度以為自此只會有我和三個孩子一起用餐，十二人的大圓桌再也不會坐滿，這樣的恐懼經常纏繞在心底，但我從沒跟別人說過。沒想到神賜給我許多好姊妹，輪番來陪我度過傷痛，祂更讓很普通的木頭桌翻轉成為「恩典餐桌」，過去六年來神蹟奇事不斷。

記得六年前的十二月，辦完所有喪事之後，幾位好友中午來探望我。我在家裡準備了簡單的食物，一面用餐、一面感謝她們的關心，同時分享神在我最哀傷的人生中，依舊不斷給我幫助。我淡淡訴說著自己的心境，我沒有哭，倒是她們的眼淚快要淹沒我家，那天幾乎是淚水配飯……但大家說好，下週還要再來！

我相信一方面是我家的菜還滿好吃的，另一方面是那位永遠愛我的神太吸引人，所以很快的從第一週的兩位、第二週的四位、第三週的六位姊妹……快速發展。姊妹們都是三、四十歲的年紀，有些正面臨人生的撞牆挫敗期，有些人從來沒有面臨過生離死別，所以特別感到陌生害怕。每個星期大家一邊用餐，一邊聽上帝在每一個艱難時刻給我的幫助，甚至跟著我翻開聖經，親眼見證裡面的文字在關鍵時刻產生的關鍵力量。

近十年來，我幾乎每個禮拜天都在「真理堂」，真理堂最重視的就是一起讀經成長的「愛的團契」。牧師聽我說起有這麼多還不認識上帝的姊妹一起聚餐，立刻建議我成立固定聚會的「小組」：在這裡不允許道人長短或討論八卦，而是以愛我們的神為中心，以"I statement"分享心情。在這裡傷心可以勇於吐露，害怕可以透過神得到安慰，身心靈的需要更可以請人為你代禱！剛開始我對於帶小組一無所知（老實說也沒興趣），只知道有姊妹們來陪我一定要變出好吃的午餐給大家，沒想到幾年下來，人數從當初的兩位迅速拓展到一桌也坐不下的十六位！從全桌的非基督徒，早年都是一起去算命拜拜的好咖，到現在不只姊妹們自己全部受洗，更有不少家庭因著神的愛而改變，最後老公決定帶著小孩一起受洗，還有人直接在我家浴缸受浸洗禮……

我負責用心規劃每週菜單，神自然而然在我家裡動工：看起來是完美嬌妻的姊妹，第一次坐上恩典餐桌就透露難以啟齒的家庭處境；平日從不宣洩個人感情的事業女強人，才吃兩口就卸下心防，吐露婚姻拉警報馬上要分開的窘境……六年來三百多個週二中午，我常常要忍著激動、托住下巴吃飯，因為姊妹們在恩典餐桌上願意分享的心事，都是內心最底層、最深刻，有時候也是最不為人知且最痛的傷痕。

還好恩典滿滿的神，總是在愛裡、在聖經裡給予困難人生各式各樣的解答，我也總是提醒姊妹們三大原則：一、小組不是社交聚會，絕不討論八卦；二、保守祕密是最高原則；三、分享要以「我」為主詞，千萬不要自以為是的下指導棋說「你」該怎樣說、怎樣做，而是「我」曾經歷過、「我」當時心情、「我」如何尋求幫助……

我以最失意時最常聽、最能帶給我力量的〈信心的旅途〉這首詩歌，命名週二聚會為「信心小組」，再加上剛受洗後就參加、以夫妻為主的「豐盛小組」，兩大小組分別在週二中午、週五晚上聚會。除了過年暫停，六年將近六百餐愛宴在我小小的窩裡開桌！二〇二〇年邁入第七年之際，我決定分享幾道端出來總是讓人驚呼的菜單，希望讓每一位也願意打開家門，邀請朋友一起領受美好上帝的家庭，能用快速美食餵飽每一個需要被安慰的心，讓飯桌不只是拿來用餐，更是能用來領略神的奇妙與豐富，以及餵飽身心靈的「恩典餐桌」。

無敵翹臀八寶鴨

一道菜的香味可以翻轉人的磁場與心情——有沒有這麼神奇？

五年前的年夜飯，應該是我這輩子感受最特殊的一餐。從那一年開始，初二我再也沒有娘家可以回，父母相繼過世，小時候總是熱鬧滿滿的天母老家變得空蕩蕩，兄姊們辦完喪事後各自返國。十二月時先生撒手人寰，我心情完全還沒有恢復，除夕、年夜飯、過新年緊接著登場。家裡三個孩子最小的才一年級，還有八十多歲堅強虔誠的公婆，這種節慶裡我到底是該喜樂？還是要悲傷？

我很感謝兩個年紀雖小但總是被愛充滿的孩子，除夕那天下午他們就開始做「手工獎券」，把A4大小的紙張裁成八份，每一份上面寫下不同的中獎內容：免費搥背、聆聽好曲一首、手部保養五分鐘……整個下午兩個孩子都在討論除夕夜的晚上怎麼讓每一個抽獎者都有驚喜。我還是打起精神來，為這一年一度最重要的家人團聚做準備。

我把女兒十歲音樂會上剩下來的最後一個紅色相框拿出來，然後在黃色牛皮紙袋背面上列印了十二道菜名，還用心給它們都冠上一個吉利的好名稱，作為年夜飯桌上的菜單，盡可能希望看起來熱鬧些。

時間到了，門鈴響起，公婆與夫家的人來了，看得出來大家都振作精神掩住悲傷。儘管我很喜歡布置餐桌，但老實說滿桌紅紅綠綠也沒有辦法掩蓋內心的黑白。不過，當八寶鴨出爐時，冷冽憂傷的空氣裡飄起陣陣菜香，女兒喊著：

「媽媽要上八寶鴨囉！」

這道菜總是我們家宴客的最高潮，一整隻鴨子在大鍋裡至少滷上四個小時，焦糖色的鴨身、濃厚的醬汁，端上桌後用刀尖輕輕劃開鴨背，八種內餡的香味隨著熱氣毫不客氣衝到你面前：糯米、紅棗、栗子、臘肉……大家一邊點著究竟有哪八種餡料，一邊止不住口水，不約而同喊出：哇！

就在這個時候，兩個孩子把抽獎的抽屜推了出來，上面還放了紅色摺紙、裝飾鞭炮，再一個個請家人們抽出自己的幸運籤。因為全是手工製作、手工獎勵，老的小的都開心興奮，憂傷暫且被拋在腦後，冰涼的空氣化為溫暖的親情。

八寶鴨成為扭轉心情的調和劑，也是每一位來我家吃飯的客人必點的大菜。我也經常鼓勵剛來我家讀經的姊妹，一定要有恆心和耐心讀經，只要讀滿一年，就可以吃到一次八寶鴨。我這番玩笑話，後來卻真的有姊妹在歲末年終的時候問我：「雅淇妳沒有忘記吧，我來讀經一年了，可以吃八寶鴨了嗎？」

自我鼓勵：打氣饅頭

Ingredients

中筋麵粉三百克、牛奶一百八十克（不加水、不加油，只用牛奶）、黑糖五十克、酵母粉三克

Steps

1 將所有材料放入麵包機攪拌（選擇烏龍麵行程十五分鐘）。

2 取出麵糰，像洗衣服一樣均勻搓揉麵糰；通常我會多揍麵糰兩下以發洩情緒，很療癒的！

3 將麵糰擀成長方片，再從一邊捲起成條狀，切除兩端不規則處，再均分切成想要的大小。我的每顆饅頭都屬於中小型，適合想吃又怕胖的我。

4 將切分後的小麵糰置於烘焙紙上，靜置溫暖處發酵（我會擺一杯熱水在中間加速發酵）約四十五分鐘，待體積膨脹約一點五倍就可移入電鍋，蒸約一碗水的時間。

5 電鍋跳起後等十五分鐘才慢慢開鍋。記得蒸之前電鍋蓋一定要先用紗布包起來，避免水蒸氣滴到饅頭表面，有了這個步驟每顆饅頭都可以像經過「美圖秀秀」的「磨皮」功能一樣光滑無瑕。

我們家小孩的房間一概沒有網路，要做功課、尤其是打電腦，一律到大餐桌上進行。我還特別規定孩子們寫功課的座位，必須是那個我一打開大門就可以立刻看到電腦螢幕的位置。這是在他們有自己電腦之前就規定好的，免得越長越大後跟我討價還價。這一招是孩子還在念幼稚園的時候園長教的，她說為了避免小孩上網時間過長或是不小心看到不合宜的內容，所以早早訂下規則，以備後患！

每次我聽到朋友抱怨孩子一回家就關進房間不出來，或者是每天晚上家裡都會上演「快寫功課，別上網了」的對話，我就慶幸自己動作早。也因此我家偌大的餐桌上經常可以看見姊弟倆打電腦寫作業或者我在寫稿的畫面。

一個颱風假的陰雨天裡，我坐在餐桌上教弟弟功課，每個人都跟我說小男孩開竅得晚，我也用這樣的想法鼓勵孩子和安慰自己，無奈颱風假連放兩天，教孩子複習功課，陪著陪著我

的耐心也快要耗盡，就在同樣問題出錯好幾次，做媽的我火氣整個冒上來時，我告訴自己馬上離開餐桌，轉移心情，既然不能揍小孩，那麼就去揍麵糰吧！

用麵包機完成了前半段的和麵、揉麵工作，取出麵糰之後把它狠狠摔在桌上，甩了幾下後覺得超級抒壓又療癒，接下來在切、捏、發麵的過程中，我用對待藝術品的眼光去面對每一個小麵糰，等到饅頭蒸好快出爐時，空氣中飄散著暖暖、甜甜的香味，讓人立刻覺得幸福了起來，身心靈又被重整一次。

原本我給它取名「不打小孩揍麵糰之洩憤饅頭」，後來發現它更是一種讓人可以轉換心情、重新得力的「打氣饅頭」。早餐時用饅頭夾一個蔥蛋，孩子可以抓了就走，又能兼顧飽足和營養；小組聚會時搭上海苔肉鬆、豆腐乳或是松露醬炒蛋，再加個青菜或是熱湯，就是溫暖的一餐。

現在送禮不見得要去外面買什麼貴重物品，姊妹們都喜歡跟我點名這個不加水、不加油的黑糖手工饅頭，一起為自己與孩子打打氣！

絕對會瘦：雞肉丸子湯

Ingredients

雞胸肉、蘋果泥、芹菜、蛋白、白胡椒

Steps

1 雞肉丸子跟我的拿手菜「獅子頭」概念很像，只是豬肉換成雞胸肉。大家都說減肥要吃雞胸肉比較不油，可是我總是覺得它吃起來很「柴」不夠美味，做成丸子就可以解決口感的問題。

2 首先，把雞胸肉用食物調理機狠狠打成泥，再加入鹽、白胡椒粉、蘋果泥、蛋白，我還喜歡加一些芹菜丁，咬起來口感脆脆的特別好吃，概念跟獅子頭裡加荸薺一樣，不過我家小孩是芹菜的拒絕往來戶，所以製作的時候會五顆加、五顆不加，免得被他們退貨。喜愛大蒜味的可以磨一點點蒜泥，但我喜歡清爽的口感所以pass。

3 用手掌畫圓搓好丸子後，直接丟進滾開的熱水裡煮到熟，起鍋前我還會再灑一點白胡椒，至於醬油、麻油、辣椒一概不必，想減肥健康就得認命，不過老實說，光是這樣已經很美味好吃了。盛入碗中，在堆疊好丸子的頂端，我喜歡再放上兩、三顆稍微煮過的紅色枸杞讓視覺好看一點。試試看，日本料理餐廳的湯品擺盤，真的也不過如此！

這道菜當初是要拿來減肥用的。我從大學之後就固定維持一個體重，就算懷孕期間，除了肚子大以外，手腳一樣是纖細的，如果要形容的話……那個樣子應該就像是一隻「青蛙」吧！

既然像青蛙，重點就是小腹，所以有一陣子我曾試過以針灸減肥的方式做局部雕塑。這種減肥法在飲食上不那麼痛苦，除了戒醣、多吃蔬菜，肉類要以雞肉為主。不過每天都是雞胸肉真的太無聊了，我想著要怎麼變出幾種花樣，在同樣的功效下享受不同的口感。

爸爸媽媽都是寧波人，從小吃浙江菜系長大的我，拿手好菜之一就是獅子頭，我心想，何不用同樣的製作概念但材料換成雞肉？於是這道雞肉丸子湯就應運而生！剛開始我也不好意思在小組時間讓姊妹吃減肥餐，但人就是這樣，發現這碗湯只有我一個人有，大家就都想要嚐嚐看。沒想到喝過之後人人都說好，姊妹們不但自己愛喝，回家後還一個個試著煮給老公小孩吃，最簡單的減肥料理，變成快速上手又大獲好評的家常美食，真是出乎意料之外。

十五年來我每天早上量體重，數字永遠在兩公斤的範圍內上下遊走，今天胖了些就稍微節制一點，回到正常數字後就跟美食靠近一點，而該節制的時候，雞肉丸子湯絕對是我最美味的選擇。

健康滿滿：五色沙拉

Ingredients / Steps

- 新鮮蘿蔓葉：一半保留完整葉片，另一半切成容易入口的條狀。
- 雞胸肉：用黑胡椒跟海鹽醃個一小時，煎熟之後切塊。
- 雞湯藜麥：我通常用三色藜麥和著雞湯一起煮，比例是一杯藜麥，兩碗雞湯，這樣比單純用電鍋蒸熟更有香味。也可以試試看吃咖哩雞的時候用藜麥取代白飯，營養好吃又沒有罪惡感。
- 洋蔥番茄Salsa：洋蔥跟番茄切成一樣大小的丁末，用橄欖油、海鹽、胡椒、檸檬、Tabasco辣醬均勻攪拌，敢吃香菜的可以切碎一起加入攪拌。
- 翠綠黃瓜：切片後用一點糖、鹽抓一下，真的要減肥就吃原味。
- 烤紅黃甜椒：橄欖油、海鹽、大蒜切碎調和，淋在切成條狀的甜椒上，烤軟即可。
- 黃金玉米罐頭、酪梨一顆
- 蘿蔓葉鋪底，先加些橄欖油、海鹽攪拌，上層依照不同顏色排列整齊，正中央放酪梨、Jalapeno（會辣），或是藜麥、香菜，不敢吃的就不加，還可以放一塊檸檬丁增加口感與維他命C。

● 通常我會在旁邊再擺上黑胡椒罐、海鹽罐、橄欖油、Tabasco 醬，以及整條蘿蔓葉，可依個人喜好決定吃法及口味濃淡。

週五晚上「豐盛小組」的成員多為夫妻，不少姊妹的另一半過了中年都把幸福堆在腰圍上，難怪老外要稱呼這圈腰間贅肉為Love Handle（愛的把手）。為了讓「豐盛」只留在心靈而不是體重，我準備晚餐的時候，澱粉類食物會比每週二中午「信心小組」的分量更低，取而代之的是更多新鮮蔬菜。而這道「健康滿滿五色沙拉」，就是我從養生餐廳學來的美味蔬食。

我超級喜歡擺盤，或許跟從小看著媽媽整理花園、種樹、插花、布置居家環境有關。把所有蔬菜拌在一起是沙拉的一種呈現方式，但是我更愛這種「以中央伍為準」，大家各自排列整齊，上桌時可以看清楚究竟有哪些好料的上菜方法；尤其這沙拉裡的七種好料都要事前用心處理，我更希望讓大家瞧個清楚啊！

底層先切好蘿蔓沙拉，上面按照顏色排列胡椒海鹽雞胸肉、雞湯藜麥、洋蔥番茄Salsa、黃金玉米、翠綠黃瓜，正中央再來個酪梨，喜歡吃辣的還可以加上墨西哥辣椒Jalapeno，不嫌麻煩的話再烤一個橄欖油彩色甜椒，端上桌的時候所有人都會用「哇」的興奮心情迎接，怕胖的人開心、食慾不佳者也躍躍欲試。我還會在盤子旁邊放上完整的蘿蔓葉，讓大家用菜包菜，五種顏色新鮮吃飽吃滿。

這個時候如果再端上一大碗「絕對會瘦雞肉丸子湯」，一冷一熱，搭配得剛剛好，也絕對吃得飽，謝飯禱告的時候真的會讓人忍不住大喊：哈利路亞，感謝讚美主啊！

包藏菜心：黃金春捲

Ingredients

十五條春捲

紅蔥頭一小湯碗的量，剝皮切絲；高麗菜半顆，切絲；紅蘿蔔一條，切絲；韭黃一包，切絲；豆芽半斤，去尾切絲；蝦半斤，對切；鹽、白胡椒適量；一斤潤餅皮；太白粉水適量

Steps

1 起鍋熱油先把紅蔥頭炒香，加入蔬菜類內餡炒熟，最後再放蝦，以適量鹽、胡椒調味之後盛到盤中放涼。

2 取潤餅皮，包入炒好的內餡，由內往外捲，最後再把兩邊折入，滾最後一折，收口處抹一圈太白粉水固定。

3 熱油鍋。我不喜歡用太多油炸，大約倒入春捲一半高度的油，用高溫煎一下就有漂亮的黃金色，先煎好一面，再翻另一面，可視顏色拿捏時間。

兩個小時的小組時間，按照師母的期待是全部要拿來讀經、分享、禱告，可是我們這桌姊妹當初全部來自不同信仰，太過嚴格怕嚇跑大家，所以我微調了進行方式，第一小時讓大家邊用餐、邊分享恩典，第二小時才是詩歌、讀經、輪流禱告或是分組禱告。

由於成員越來越多，「時間掌握」成為小組長要拿捏的重點，也就是如何讓姊妹們分享時能切入主題而避免太多細微末節。所以有時候某個人分享得太開心而拖長了時間，我會咳個兩聲善意提醒，偶爾姊妹岔了話題，我會拿出主持人的精神直接喊：下一位！這時眾人會哄堂大笑，分享者就趕緊收尾輪別人做見證。當然，也會遇到困難、哀傷的時刻，這時就暫且拋開時間限制，大家一起禱告、一起流淚、彼此鼓勵擁抱。

為了配合時間節奏，準備食物時最好是一人一份，而且不要太過繁複。「黃金春捲」是我很愛的選擇，將滿滿的蔬菜用潤餅皮包起來，每個人往餐桌中央夾個兩、三捲就可以吃飽。

由於潤餅皮薄其實不需用炸的，熱油稍微多一些，兩面翻煎一下就呈現漂亮的金黃色。有些人還會加上肉絲、香菇或蝦米，但這道菜是媽媽教我的，身為上海姑娘的她喜歡用多樣蔬菜做餡料。每次我一邊包著春捲，一邊就會想起過年時跟媽媽在廚房裡一起動手做元寶（蛋餃）、煎金條（春捲）的畫面，雖然有時會因想念而心酸，但更多時候是感到溫暖而美好。

婆婆的手藝：家常炸醬麵

婆婆是廚藝高手，舉凡珍珠丸子、番茄肉絲麵、大塊魚、炸醬麵……都是她的拿手好菜。她也是位營養學大師，冰箱上面密密麻麻貼的都是食物的療效，以及健康用餐方式的筆記。我最佩服她的是完全不吃甜食，家裡連糖罐子都沒有，這對我這位「螞蟻」來說簡直不可思議！但是看到公婆八十多歲都還健康硬朗，每天至少走一萬步「起跳」，我非常相信吃得對、吃得健康，絕對是他們長壽的關鍵之一。

諸多養生美味中，最受小組成員歡迎的就是五色蔬菜炸醬麵了！春天時桌上擺滿各種顏色的蔬菜：紅蘿蔔切絲、蛋皮切絲、豆芽菜、切成絲的黃瓜、四季豆、芹菜丁、一粒粒的豌豆……鋪在以麵條當底的大碗上，最後再挖一大杓以甜麵醬翻炒出來的炸醬，拌在一起入口，那蔬菜蹦脆的口感，只能用健康滿分、大碗滿意來形容內心的感受！

沒時間做炸醬時，買個潤餅皮，包入準備好滿滿的蔬菜，上面撒些花生粉、糖粉，就可以搖身一變成為春日潤餅，不管哪一種吃法都讓人健康又滿意。

蔣母家傳：浙江年糕

為了寫恩典餐桌的「蔣母家傳」，我在手機群組裡問國外的哥哥姊姊們對媽媽的手藝有哪些記憶？連續好幾天，幾千公里之外的家人們都在討論這個話題，美味回憶不斷。

大姊說以前媽媽會把雞皮切成小塊，煸出雞油拿來炒菜，又香又省錢，炒得脆脆的雞皮再丟進湯裡，增添不同風味。哥哥提到過新年時，媽媽永遠是十二道年菜全部自己動手做，二姊馬上接話：其中煮湯的蛋餃一個一個包最花時間；還有同樣是親手製作的水餃，只有一顆會放錢，中獎吃到的代表新的一年滿滿好運。

我印象最深的則是媽媽的上海炒年糕，通常會有大白菜跟雪裡紅兩種口味。我喜歡雪裡紅的鮮味，長大之後也試著做給小組品嚐，雖然姊妹們都說好吃，但是我知道跟媽媽的手藝相比永遠是天差地別。你有沒有發現，每個人都覺得自己家的牛肉麵、水餃……最好吃，後來我發現並不是家家都有五星主廚，只是這些美食會讓你想到家、咀嚼出兒時的記憶。

我曾在母親晚年用照片記錄下媽媽料理的過程，可惜影像裡只有食材與媽媽的手，很後悔沒有把媽媽的倩影一起收錄，想到這裡，眼眶不禁又濕了起來，母親的廚藝，真是我難忘又美好的記憶啊！

熱鬧聖誕之一人一菜

恩典餐桌的成員當中我並不是最會做菜的，姊妹裡有的之前做過美食節目、有的大天開直播下廚、還有很厲害的家政女王、打算開烘焙坊的甜點達人，甚至有姊妹家裡就是開餐廳的……真的要靠手藝排名的話，我絕對是靠邊站的那一位，但是感謝大家不嫌棄，因為地點適中所以長年在這兒一起聚會。

其實我也很想嚐嚐姊妹們的手藝，所以每逢聖誕，我們就會舉辦「一年一度，一人一菜的耶誕 Potluck」！因為怕樣式重複，我會先就沙拉、肉類、海鮮、主食、甜點簡單分成五大象限，讓姊妹們發揮創意，而且秉持著小時候的經驗，食物要「用搶的才好吃」，所以我會請大家千萬不要準備太大的分量，最好一人一口就吃光光，回味無窮就會感覺特別美好！

家裡有一個櫃子，滿滿裝著我從世界各地收集來的餐具，我會依照姊妹們開出來的菜單準備合適的器皿，等到大家把美食帶進廚房，我按照高高低低不同的層次，把所有的佳餚排成豐盛的隊形，再加上從花市採買的鮮花，澎湃得往容器裡插，這個時候只要再點綴幾顆松果、放上麋鹿或雪人，就是一頓結合大家手藝的耶誕大餐！

一年一度，我們家就是這天最輕鬆，因為只要準備空盤子，就會變出滿滿豐盛的食物，那種感覺就好像是只要我願意把心掏空，讓神的恩典進駐，祂就會把所有的好處全部都加添給你一樣的幸福。

親子共廚：水果千層派／燕麥優格水果杯

成績還不錯的女兒到了高二還不知道大學要念什麼科系，為了這個問題她常常感到迷惑，我總是鼓勵她說：「妳很自律、懂得努力、個性又這麼爽朗、樂於助人……我相信神一定會為妳安排最適合的學校與科系，而且不管妳念什麼，我都相信妳會有合神心意的工作，安啦！」

不知道念什麼科系是一回事，但是她從小有個心願就是想做「廚師」，她很喜歡在廚房裡看我們準備食材，然後迫不及待想要參與，週五晚上的小組聚會，她常一放學就說：「媽媽，今天晚上我做餅乾給大家吃好不好！」巧克力餅乾、燕麥餅乾、布朗尼……都是她的拿手點心，雖然有一次不小心把鹽當作糖，小組成員們也都沒嫌棄，直覺認為一定是做「海鹽手工餅乾」，真的只能說我們這群弟兄姊妹們真是人太好了。

資訊發達，她的廚藝也越來越進步，常常上網查一下就可以變出一個新花樣。有天晚上她跟我說：「媽媽，明天我想要做水果千層派。」我直覺反應回答：「哇！聽起來好棒喔。」結果第二天一早起床，居然已經看到完整作品：一層一層的餅皮，抹上手打奶油，中間鋪著滿滿的草莓、奇異果，紅綠相間賣相十足，完全不輸外面的高檔甜點店。後來她把這顆千層派獻給一位姊妹作為生日蛋糕，姊妹感動地說：「這是我今年收到的

第一個生日禮物，真的是太感動、太開心了。」

我非常享受親子下廚的時光，還教過兩個孩子做手工蔬菜麵：菠菜、雞蛋、南瓜、紅蘿蔔，四種口味都難不倒他們。弟弟年紀雖然還小，但他看著我們在廚房裡忙來忙去也想要湊一腳，小男孩不宜開火動刀，所以我把之前去摩斯漢堡吃的布丁罐子全部留下來，紅色的瓶身裡面放進無糖希臘優格，然後再請弟弟一層一層撒上藍莓、烤燕麥，最後再放上香蕉、草莓，整盤端出來的時候，這些大小適中、顏色鮮豔、酸酸甜甜、不易發胖又非常健康的餐後點心，非常受到小組成員們的歡迎。這時我總是會驕傲地說，今天恩典餐桌的佳餚，是由我兒子女兒為你們準備的喔！

國家圖書館出版品預行編目資料

看見百分之一的希望
蔣雅淇 著
初版. -- 臺北市：商周出版 : 家庭傳媒城邦分公司發行
2020.03　面；　公分

ISBN 978-986-477-789-1 (平裝)

1. 自我實現 2.生活指導

177.2　　109000814

看見百分之一的希望

作　　者／蔣雅淇
責任編輯／陳玳妮

版　　權／翁靜如
行銷業務／周丹蘋、黃崇華
總 編 輯／楊如玉
總 經 理／彭之琬
事業群總經理／黃淑貞
發 行 人／何飛鵬
法律顧問／元禾法律事務所王子文律師
出　　版／商周出版
台北市 104 民生東路二段 141 號 9 樓
電話：(02) 25007008　傳真：(02)25007759
E-mail：bwp.service@cite.com.tw
Blog：http://bwp25007008.pixnet.net/blog
發　　行／英屬蓋曼群島商家庭傳媒股份有限公司城邦分公司
台北市中山區民生東路二段 141 號 2 樓
書虫客服服務專線：(02)25007718；(02)25007719
服務時間：週一至週五上午 09:30-12:00；下午 13:30-17:00
24 小時傳真專線：(02)25001990；(02)25001991
劃撥帳號：19863813；戶名：書虫股份有限公司
讀者服務信箱：service@readingclub.com.tw
城邦讀書花園：www.cite.com.tw
香港發行所／城邦（香港）出版集團有限公司
香港灣仔駱克道 193 號東超商業中心 1 樓
E-mail：hkcite@biznetvigator.com
電話：(852) 25086231 傳真：(852) 25789337
馬新發行所／城邦（馬新）出版集團【Cite (M) Sdn. Bhd.】
41, Jalan Radin Anum, Bandar Baru Sri Petaling,
57000 Kuala Lumpur, Malaysia.
Tel: (603) 90578822　Fax: (603) 90576622
Email: cite@cite.com.my

封面設計／方序中、張瑋芃
封面攝影／黃天仁
封面造型／Ian、Betty
內文攝影／Ivy Chen
排　　版／極翔企業有限公司
印　　刷／卡樂彩色製版印刷有限公司
經 銷 商／聯合發行股份有限公司
電話：(02) 2917-8022　Fax: (02) 2911-0053
地址：新北市 231 新店區寶橋路 235 巷 6 弄 6 號 2 樓

■ 2020 年 03 月 05 日初版
■ 2022 年 03 月 29 日初版 12 刷
定價 380 元

Printed in Taiwan

ISBN 978-986-477-789-1